DE LA CRÉATION

AU PROFIT DE TOUS LES TRAVAILLEURS

D'UNE

Caisse Générale de Retraites

POUR LA VIEILLESSE

PAR

H. GAVELLE

SECONDE ÉDITION

PRÉCÉDÉE D'UNE LETTRE

DE

LÉON BOURGEOIS

PARIS. — IMPRIMERIE R. MONTIER, 39-41, RUE DE BRETAGNE

— 1901 —

PRIX : **UN** franc

DE LA CRÉATION

AU PROFIT DE TOUS LES TRAVAILLEURS

D'UNE

Caisse Générale de Retraites

POUR LA VIEILLESSE

PAR

H. GAVELLE

SECONDE ÉDITION

PRÉCÉDÉE D'UNE LETTRE

DE

LÉON BOURGEOIS

— 1901 —

PRIX : UN franc

Monsieur,

Je viens de lire avec un grand intérêt votre projet de Caisse Générale de Retraites.

Le temps me manque pour en faire, comme vous l'auriez désiré, un examen critique approfondi. Mais je tiens à vous assurer que je considère votre vigoureuse étude comme une contribution extrêmement importante à l'examen de ce difficile problème et comme une de celles les plus ingénieuses qui aient été tentées pour en hâter la solution.

Sur bien des points d'ailleurs je suis, dès maintenant, d'accord avec vous.

Votre projet est justement fondé sur l'idée de la Solidarité nécessaire d'une part entre les membres coexistants de la Société, d'autre part entre les générations successives qui, dans le passé en ont constitué, dans l'avenir en augmenteront le capital commun.

Et vous faites clairement apparaître les conséquences également nécessaires de cette idée première : la Société doit organiser pour tous les travailleurs indistinctement un système général de retraites ; ce système doit être conçu non comme un organe de prévoyance personnelle, c'est-à-dire purement égoïste, mais comme une application de l'idée de prévoyance mutuelle, c'est-à-dire solidaire et collective ; l'obligation des versements corrélatifs des travailleurs, des patrons et de l'Etat, ou mieux de la masse des contribuables, permet seule d'arriver financièrement et socialement au résultat proposé ; enfin, il n'y a aucune confusion à faire entre le problème de l'assistance proprement dite et celui de la prévoyance sociale, celui-ci supposant l'effort continu de l'individu, proportionnel à ses facultés, et lui maintenant tout entière sa qualité et sa dignité d'associé, de *coopérant* dans l'œuvre commune.

D'autres questions sont soulevées par votre projet et mériteraient une discussion attentive. Je n'en veux retenir qu'une : au système du prélèvement égal de 10 centimes par journée de travail sur tout salaire égal ou supérieur à 2 francs, prescrit pour tous les travailleurs par le projet soumis aux délibérations de la Chambre des députés, vous opposez celui d'un prélèvement *proportionnel* de 2 0/0 sur le montant de chaque salaire et, par une conséquence logique de cette donnée première, à la retraite de 360 francs par an, prévue par la Commission de la Chambre, vous opposez une retraite proportionnelle évaluée par vous à 17 ou 25 % des gains annuels du travailleur [1]. — Je reconnais la justesse du principe de la proportionnalité de l'effort et de la récompense qui est le point de départ de votre système et je suis bien sûr que la Commission de la Chambre ne l'a point méconnu et n'a paru s'en écarter que pour obéir à d'impérieuses nécessités pratiques. Comment suivre, comment vérifier en fait les variations du salaire de chacun des travailleurs pour déterminer au jour le jour la quotité du prélèvement ? et d'autre part, comment admettre pour certains salaires ou traitements (car vous vous refusez très justement à admettre des distinctions arbitraires) pour certains salaires ou traitements élevés, la contribution de tous à une retraite considérable, dont les plus faibles auraient ainsi, sans limite maxima, contribué, pour une large part, à assurer la jouissance aux plus heureux ? La double règle d'un *minimum* de versement obligatoire et d'un *maximum* de retraite assurée a évidemment été motivée dans le projet de la Commission par cette double préoccupation. Le droit reconnu, par l'art. 25 de ce projet, à tout travailleur d'effectuer d'ailleurs des versements supérieurs aux 0 fr. 10, en vue d'une élévation du chiffre de la retraite, indique le désir de la Commission de ne point fermer complètement la porte à de nouvelles études et à une transformation partielle sur ce point.

---

[1] Sans aucune subvention de l'État, à 33 %, au moins avec la subvention demandée (*note de l'auteur*).

Mais, en soumettant ces observations à vos réflexions personnelles, je n'ai pas entendu, Monsieur, engager ici une discussion qui exigerait d'assez longs développements. J'ai voulu simplement vous marquer toute l'attention que m'a paru mériter votre si intéressant travail et je fais des vœux pour qu'il soit répandu et discuté largement, car il en est peu qui aient à la fois mis en une plus vive lumière les principes fondamentaux de la question des Retraites des travailleurs et formulé pour la résoudre de plus ingénieuses et de plus sérieuses propositions.

Je vous suis, pour ma part, très reconnaissant de m'avoir fait l'honneur de me communiquer votre projet et je vous prie de me croire, Monsieur, votre bien dévoué.

Léon BOURGEOIS.

NOTE DE L'AUTEUR

Puisque M. Léon Bourgeois veut bien permettre de placer sous l'autorité de son nom et de son appréciation si flatteuse l'œuvre modeste d'un inconnu, celui-ci doit à l'homme éminent qui lui marque cette bienveillance d'entrer dans quelques explications complémentaires sur le point qu'il signale.

Heureux d'être en complète communauté d'idées avec lui sur les principes, il sent toute la valeur de son obligeante observation sur la nécessité de fixer un minimum aux contributions ouvrières et un maximum aux pensions de retraite.

D'une façon peut-être insuffisante, l'auteur avait essayé de tenir compte de la dernière des considérations indiquées par M. Léon Bourgeois en stipulant à l'article 10 que l'ensemble des versements au profit d'une même personne ne pourrait excéder 20.000 francs, aux articles 13 et 16 que la pension ne pourrait dépasser la rente viagère à laquelle ce capital donnerait droit et à l'article 17 que les additions d'office ne pourraient être supérieures à la moyenne générale des versements faits, pendant la même période, par l'ensemble des participants. Il aurait sans doute mieux fait de rendre ces dispositions applicables aux contributions obligatoires comme aux versements facultatifs et même d'abaisser la limite de 20.000 francs. Ce sont des corrections aisées à faire si on les juge utiles.

S'il n'a pas été aussi loin dans les restrictions à cet égard, c'est que, préoccupé de demander la subvention la moins forte possible à l'État, il avait souci de grossir autrement, dès le début, les recettes de la Caisse en attirant à elle les fortes cotisations des travailleurs les mieux partagés. Il lui est apparu que, pendant une longue période, les intérêts n'entrant que pour une faible part dans le titre à la pension, la retraite dont pourraient jouir les travailleurs les plus payés ne serait guère que la restitution de leurs versements préalables, et que l'institution aurait subi plus d'un remaniement permettant de corriger les défectuosités que l'expérience aurait révélées avant que les abus supposés puissent se produire.

Persuadé de l'intérêt qu'il y aurait pour l'avenir de notre pays à ramener les activités vers les carrières productives et d'enrayer le mal toujours grandissant du fonctionnarisme, il croit qu'il faut assimiler autant que faire se peut, les retraites des producteurs aux retraites des fonctionnaires et que, limitées à un chiffre trop bas, elles auraient, quoiqu'on fasse, plutôt un caractère d'assistance que de réelle prévoyance sociale.

Quant au minimum de la contribution ouvrière, son expérience de la vie industrielle lui fait penser qu'il devrait être fixé, non par unité de journée de travail, mais par unité de versement.

Elle le persuade surtout qu'il y aurait sérieux avantage, aussi bien au point de vue des facilités d'exécution pratique que de l'intérêt économique des travailleurs, à préférer, à l'égalité, la proportionnalité de leurs contributions à leurs salaires.

Le versement de ces contributions devrait, selon lui, être effectué non par mois, mais à chaque paie, par les patrons fort justements astreints par l'article 4 du projet parlementaire à accompagner ce versement d'un bordereau nominatif. Le contrôle sera beaucoup plus aisé, si ce bordereau est un pourcentage exact (2 % par exemple) de la feuille de paie que s'il faut vérifier individuellement pour chacun si son gain est inférieur ou supérieur à 2 francs par jour.

Ancien membre d'une Chambre de Commerce, il sait combien ceux qui sont les adversaires avoués ou non des réformes sociales ont d'habileté à trouver des prétextes pour les faire avorter ou les rendre aussi peu démocratiques qu'ils peuvent. Peut-être la crainte d'une trop grande facilité de contrôle n'est-elle pas étrangère aux objections de leur part qui ont frappé la Commission mais auxquelles il ne faut pas attacher trop d'importance.

Au point de vue beaucoup plus grave de la charge résultant pour les travailleurs de l'adoption de l'un ou l'autre système, ayant pendant trente ans pratiqué l'industrie en province, il ne peut s'empêcher de faire remarquer que les salaires les plus usuels y varient entre 2 fr. et 2 fr. 50 par jour ; en sorte qu'une contribution de 10 cent. par jour et par tête représente pour l'ouvrier travaillant dans ces conditions 4 à 5 % de son salaire, autant pour le patron, soit 8 à 10 % de la main-d'œuvre, ce qui serait excessif ; que pour les enfants que le projet parlementaire ne distingue pas des adultes au point de vue de la contribution à payer et dont le salaire ne dépasse quelquefois pas 0f.50 par jour, une contribution journalière de 0 fr. 05 représente un impôt de 10 %, alors que dans les corps d'état où la journée varie de 10 à 20 fr., une contribution de 0 fr. 10 par jour et par tête ne fait plus que 1 à 0.50 % du gain de chacun.

Cette inégalité, qui renouvellerait la faute, trop souvent commise, de mettre les charges les plus lourdes sur ceux qui gagnent le moins, lui fait considérer la capitation, soit uniforme, soit à deux paliers, proposée par la Commission parlementaire, comme une assiette absolument mauvaise des contributions ouvrières et patronales.

PRÉFACE

Au moment où le Parlement va aborder la discussion des Retraites pour la vieillesse, il nous a paru utile, par une seconde édition de cette étude, de saisir plus largement l'opinion des observations recueillies par l'auteur au cours d'une vie laborieuse dans des milieux très différents, et d'appeler l'attention sur les conclusions auxquelles l'ont conduit son expérience de la vie des travailleurs et quinze années d'application consciencieuse à chercher la solution d'un des plus importants problèmes Sociaux de notre époque.

La caractéristique du projet qui termine cette étude est que son adoption serait immédiatement profitable à tous les travailleurs sans exception et supprimerait l'ajournement de la période de jouissance à 25 ou 30 ans que comportent fatalement tous les systèmes basés sur la capitalisation, ajournement qui aurait pour effet désastreux de faire supporter d'ici là, à la génération des travailleurs valides, l'écrasant fardeau : 1° de continuer à entretenir les vieillards incapables de se suffire ; 2° de préparer en même temps, par d'autres sacrifices, leur propre retraite.

Cette proposition présente la particularité intéressante qu'elle permet d'organiser et de faire fonctionner de suite le service des Retraites sans endetter l'État, sans l'exposer à aucun risque, quelle que soit la subvention qu'il consente à accorder.

Moyennant un sacrifice modique, n'excédant pas, pour qui que ce soit. 2 0/0 de ses ressources annuelles, sans rien bouleverser, sans porter atteinte à aucun intérêt légitime, sans toucher à aucun droit acquis, elle constitue à tous les travailleurs ayant dépassé l'âge de 60 ans, une pension viagère pouvant varier entre le quart et le tiers du gain moyen de chacun, si la subvention est accordée.

Au cas où l'État n'en accorderait qu'une partie, voire même la refuserait complètement l'organisation proposée n'en demeurerait pas moins constituée de toutes pièces et, quoique dans des conditions moins bonnes, pourrait fonctionner quand même.

Les retraites seraient nécessairement moindres mais, sans aucune subvention, s'élèveraient encore de 17 à 25 % du gain moyen individuel.

L'auteur ne se sert, pour réaliser ce bienfait, que de procédés éprouvés par l'expérience et empruntés aux organisations existantes.

A la loi du 9 juin 1853 sur les pensions civiles, d'après laquelle, au lieu d'être capitalisées ou employées au profit de ceux qui les subissent, les retenues faites aux fonctionnaires en exercice servent immédiatement à payer en partie les pensions des anciens fonctionnaires déjà à la retraite, il prend d'une part ce qu'il appelle le procédé de *Répartition par réciprocité*, qui consiste à acquérir des droits à la Retraite en raison, non de l'épargne qu'on fait pour soi, mais du concours qu'on apporte au service des pensions aux devanciers, ce qui n'est autre chose que l'organisation méthodique et rationnelle de la solidarité.

Il emprunte d'autre part à cette même loi le principe de la proportionnalité des retenues au gain de chacun qui, bien mieux qu'une contribution uniforme ou un impôt de capitation, rend la charge supportable à tous et produit en outre le maximum de rendement obtenable.

De la loi du 24 juin 1894 sur les Caisses de Secours et de Retraites des ouvriers mineurs il retient le principe de l'obligation, pour les travailleurs et ceux qui les emploient, de contribuer les uns et les autres à la constitution des retraites, ainsi que l'égalité de leur participation respective et jusqu'à la quotité fixée pour chacune à 2 0/0 du montant des salaires.

A la loi du 20 juillet 1886 sur la Caisse Nationale des retraites pour la vieillesse, il emprunte les procédés de calculs des pensions, le livret individuel et la disposition prudente qui consiste à ne pas promettre des pensions fermes, d'un chiffre déterminé, qui pourraient engager au-delà de ses ressources la Caisse chargée du service et à ne l'obliger, au contraire, qu'à partager les recettes disponibles proportionnellement aux versements capitalisés de chacun des ayants-droit survivants, disposition qui met à l'abri de tout aléa possible la Caisse et l'Etat qui en surveille et garantit le fonctionnement.

La méthode de répartition qu'il préconise n'étant praticable que par une Caisse unique et permanente, de durée perpétuelle, englobant obligatoirement dans son ensemble toute la masse des travailleurs du pays, il confie la gestion de ce nouveau service à la Caisse Nationale des retraites facultatives, instituée par la loi du 20 juillet 1886, sous les mêmes conditions de contrôle, mais en tenant bien entendu les deux comptabilités absolument distinctes.

Par le fait du progrès continu et extrêmement rapide de la richesse publique, 2 0/0 du revenu total de la France donneront, dans trente ou quarante ans, un rendement vraisemblablement au moins double pour le même nombre de vieillards à retraiter[1], en sorte que, avec le mode d'organisation proposé, sans augmentation de charge pour personne, il y aura accroissement progressif continu des retraites, tandis que, si on voulait les faire dépendre de la capitalisation d'une épargne constante, placée à un taux de plus en plus bas, les retraites diminueraient sans cesse.

Paris, 1901.

---

[1] Avec la proportionnalité des retenues aux salaires, cette augmentation de rendement supplée en partie dans la méthode de répartition à l'accumulation des intérêts sans présenter les inconvénients des systèmes à capitalisation.

Elle n'aurait aucune efficacité si les retenues étaient uniformes.

CRÉATION
AU PROFIT DE TOUS LES TRAVAILLEURS

D'UNE

CAISSE DE RETRAITES
POUR LA VIEILLESSE

> Les réformes dont nous poursuivons la réalisation ne doivent pas être des expédients qui flattent ou avantagent une catégorie plus ou moins nombreuse d'individus, mais l'application raisonnée, au profit de tous, des principes de justice et d'humanité, en dehors desquels il n'y a jamais progrès réel de la Civilisation.
>
> *H. G.*

INTRODUCTION

A mesure que la civilisation progresse, les hommes se préoccupent davantage des divers risques auxquels leur propre existence et celle de leurs semblables sont exposées et des moyens soit d'en supprimer ou diminuer les causes, quand la chose est en leur pouvoir, soit au moins d'en atténuer les effets économiques s'ils ne peuvent faire mieux.

La prévoyance : Différentes doctrines.

A cet égard deux théories diamétralement opposées ont surgi :

L'une prétend qu'il y a là uniquement matière de liberté et d'initiative privée, individuelle ou collective, et qu'il appartient à chacun de pourvoir aux différentes éventualités qui le menacent en agissant isolément ou en groupant ses efforts

L'individualisme.

avec ceux d'autres individus, auxquels il convient de s'uni
à lui ; mais qu'il n'y a aucune intervention protectrice à
demander ni à l'État, ni à la Loi, dût la continuation de la
souffrance humaine être la rançon de cette intransigeance.

Le Socialisme. L'autre, se plaçant juste au contre pied de la première
veut que la Société soit tenue de parer à tous les maux qu
peuvent atteindre ses membres, depuis le moment où il
viennent au monde jusqu'au dernier jour de leur vie, san
leur imposer d'obligations corrélatives, comme si la Sociét
pouvait avoir une existence propre en dehors des individu
qui la composent et prendre ailleurs que parmi eux les ressources nécessaires pour leur venir en aide.

L'Intervention-
nisme. Entre ces opinions extrêmes, il s'en est formé une troisième, qui fait chaque jour de nouvelles recrues. Plus sou
cieuse de l'exacte observation des faits que de l'absolutism
des doctrines, elle tend à faire de la *Prévoyance Sociale* un
science positive et cherche, sans parti pris, pour chacun de
maux dont souffre l'humanité, le remède le mieux approprié

Quand l'initiative individuelle ou collective peut suffir
pour atteindre un résultat efficace, elle croit bon de lui laisse
le champ libre, de l'encourager, de la stimuler même e
mettant à sa disposition les organismes propres à facilite
son action ; lorsque, au contraire, les efforts privés seraien
impuissants, elle ne recule pas devant l'appel à l'autorité d
législateur, voire même au concours financier de l'État, s'i
est indispensable pour l'amélioration du sort commun.

Notre but
La Retraite pour
la vieillesse. L'étude qu'on va lire, sur la retraite pour la vieillesse
procède de cet esprit. Son but n'est pas de faire prévaloir u
système préconçu ; mais, en montrant quelles considération
motivées ont dicté le projet qui la termine, d'aider à propage
les idées qui permettront d'arriver à mettre à l'abri du besoi
la vieillesse de ceux qui ont donné au travail tout ce qu'il
avaient de force et d'énergie.

Rien ne saurait répondre davantage à l'idée de justice
être d'une utilité plus certaine, ni d'une portée sociale plu
haute que l'obtention d'un tel bienfait.

Quiconque, en effet, a vécu de la vie des travailleurs et a éprouvé par soi-même, à quelque catégorie qu'il appartienne (patron, employé ou ouvrier), les difficultés avec lesquelles ils sont aux prises, sait combien peu souvent il leur est possible d'arriver par eux-mêmes à mettre de côté de quoi se suffire à l'âge ou le gain quotidien viendra à leur manquer, combien le pécule, péniblement amassé dans ce but, court de risques d'être absorbé par un besoin plus immédiat ou détruit par une catastrophe imprévue, et quel service ce serait rendre à tous ceux qui tirent du travail leurs moyens d'existence que de leur assurer une retraite.

L'examen comparatif des nombreux projets que cette question à fait naître, les réflexions suggérées par la pratique de l'industrie dans différents milieux, les renseignements tirés de la statistique officielle, la constatation du peu de résultat donné par les procédés jusqu'ici employés, les observations recueillies auprès des hommes éclairés qui ont bien voulu nous guider de leurs conseils, nous ont persuadés que les groupements mutuellistes, pas plus que l'épargne personnelle, n'étaient aptes à suffire, dans la généralité des cas, aux nécessités de la retraite pour la vieillesse, et nous ont amené à penser, au contraire, qu'en cette matière, les sentiments de généreux altruisme qui portent les êtres humains à s'aimer, à se secourir et à s'entraider, d'une part, et, d'autre part, l'instinctif égoïsme qui leur fait chercher le bien-être personnel, peuvent et doivent, au lieu de se heurter, trouver leur plus sûre et leur meilleure satisfaction dans l'organisation d'une grande œuvre de solidarité englobant tous les travailleurs français.

Nous nous sommes donné pour tâche d'en *rechercher les conditions de réalisation les plus conformes aux principes immuables du droit naturel et aux possibilités pratiques,* et nous nous proposons de démontrer que non seulement il n'est pas impossible mais encore qu'*il est relativement aisé de créer une caisse générale de retraites qui, à court terme, sera en mesure de servir des pensions à tous les anciens travailleurs*

Constatations. Impuissance de l'épargne individuelle et des groupements mutuellistes en matière de retraite.

Œuvre de Solidarité à créer.

Ses bases. Sa possibilité

sans imposer au pays de charges excessives, sans compromettre l'équilibre du budget, sans faire courir de risques au Crédit public, sans léser aucun intérêt légitime.

LIMITATION DU SUJET

à la question de la Retraite pour la Vieillesse

Différentes causes de misère.

Certes il y a bien d'autres causes de misère que la vieillesse.

Sans parler de celles qui sont la conséquence de l'ignorance, de la paresse, de l'intempérance ou de l'inconduite, contre lesquelles il n'y a d'autres remèdes que le développement de l'instruction et de la moralité, ni de celles qui proviennent de faits économiques tels que le chômage, l'insuffisance de salaires, la concurrence, sujets trop complexes pour être abordés ici incidemment, rien qu'à s'en tenir aux maux fatalement inhérents à la nature humaine, les accidents, la maladie, l'infirmité ou la mort prématurée occasionnent comme la vieillesse bien des souffrances imméritées que tout le monde voudrait supprimer.

Impossibilité de parer à plusieurs à la fois

Dès lors, il pourrait à priori, paraître logique et séduisant, de concevoir une organisation d'ensemble destinée à parer aux conséquences pécuniaires qu'entraînent, pour le travailleur ou sa famille, les différentes fatalités naturelles ; mais, si l'on approfondit un peu la question, si l'on observe les faits, si l'on s'informe des essais tentés à l'étranger, on s'aperçoit bientôt que, en raison même de la diversité de ces risques, il ne saurait y avoir de panacée universelle s'appliquant également à tous et que, pour faire œuvre pratique, il faut, au contraire, approprier à chacun d'eux le remède qui lui convient.

S'il pouvait rester dans l'esprit un doute sur la nécessité, en cette matière comme en tant d'autres, de sérier les questions pour les faire aboutir, il suffirait de considérer que ce n'est qu'après 18 ans d'efforts qu'on est arrivé à mettre sur pied, non sans y laisser subsister de graves défectuosités que le législateur devra corriger, la loi relative aux seuls accidents et à réaliser cette conquête démocratique de décharger la victime de leurs conséquences pécuniaires, en les faisant supporter par l'entreprise. *Les accidents.*

Jamais cette réforme importante n'aurait vu le jour, s'il avait fallu l'englober, dans une même loi, avec l'assurance contre les autres risques. *Les autres risques naturels.*

Il n'est pas davantage possible de grouper ensemble, dans un seul projet, *la maladie, l'infirmité ou la mort prématurée* et *la vieillesse* parce que chacune de ces calamités comporte, pour y remédier d'une façon efficace, des méthodes et des procédés absolument dissemblables.

C'est ainsi, par exemple, que *pour la maladie*, événement fortuit, mal passager qui demande à être constaté et secouru immédiatement, là où il se produit, *les caisses patronales* ou les *Sociétés de Secours Mutuels* peuvent suffire et paraissent même offrir, à meilleur compte, plus de garantie qu'une Caisse Centrale, parce que, fonctionnant sur place, elles ne nécessitent pas la mise en mouvement d'un organisme compliqué, ni des rouages multiples, occasions inévitables de frais et de lenteur inutiles, et parce que les adhérents, se connaissant entre eux, peuvent exercer les uns sur les autres un contrôle qui les protège contre le gros écueil de la *simulation* et les autres abus possibles. *La maladie.*

Mais ces institutions locales et privées « d'autant plus efficaces que l'ouvrier n'y a recours que d'une façon transitoire, et n'a plus rien à leur demander quand il a quitté l'usine ou l'atelier » [1] n'ont pas le même effet utile en matière de *La vieillesse.*

---

(1) M. de Freycinet.

retraite pour la vieillesse[1] parce que cette retraite qui se prépare pendant toute la durée de la vie laborieuse doit, pour atteindre son but, sans ôter au travailleur son indépendance et sans l'attacher à sa tâche comme le serf à la glèbe, pouvoir le suivre en quelque lieu qu'il aille et par quelques conditions successives qu'il puisse passer, pour lui apporter, le jour où l'âge le prive de la rémunération de son travail, une pension qui y supplée, et parce que ce résultat ne peut être obtenu que si cette pension est servie par un organisme permanent, s'étendant sur toute la surface du pays, et si cet organisme est constitué de façon à profiter indistinctement à toutes les catégories de travailleurs.

Infirmité ou mort prématurée. Ne doit-on pas, tout au moins, rattacher à la question de la retraite pour la vieillesse celle de l'assurance contre l'infirmité ou la mort prématurée? — Non! Ce serait fort dangereux pour l'institution de la retraite pour la vieillesse, parce que, en agissant ainsi, on enlèverait à celle-ci le caractère de précision rigoureuse qui résulte pour elle de ce fait que les données du problème y sont certaines et constantes, que le nombre et la durée des pensions à servir, sensiblement toujours les mêmes, sont faciles à calculer, puisque l'origine et la cessation de la retraite pour la vieillesse sont réglées, en quelque sorte mathématiquement par l'âge auquel elle commence et la longueur moyenne de la vie humaine, tandis qu'en matière d'infirmité ou de mort prématurée, les éléments sont variables, reposent sur des appréciations plus ou moins bienveillantes, sur des éventualités inconnues qui peuvent entraîner à de graves mécomptes et que les besoins auxquels il faut faire face s'accumulent les uns aux autres d'années en années.

Les risques d'infirmité ou de mort prématurée paraissent plutôt du domaine de l'assurance individuelle, dont chacun règle les conditions suivant ses convenances et les intérêts en jeu très différents en l'espèce pour le célibataire et le père de famille.

---

[1] Voir ci-après les résultats piteux donnés jusqu'ici en matière de Retraite par les Sociétés de Secours Mutuels.

Peut-être un jour ces risques feront-ils l'objet d'une autre organisation, mais ils ne doivent pas être confondus avec celle de la retraite pour la vieillesse, car ils ont toujours été la pierre d'achoppement des institutions de retraite pour la vieillesse qui ont voulu les englober.

En résumé, si l'on a sérieusement la volonté de résoudre le problème de la Retraite pour la vieillesse, on doit s'en tenir à ce seul sujet et n'y rien mêler d'étranger. *Conclusion.*

EXPOSÉ GÉNÉRAL

L'organisation de la Retraite pour la vieillesse est ardemment désirée par les travailleurs et par tous les gens de bien qui s'intéressent à leur sort. Depuis longtemps promise, elle figure dans la plupart des programmes électoraux et a fait l'objet de propositions nombreuses, émises par les hommes d'opinions les plus diverses. *Unanimité pour demander la Retraite pour la vieillesse.*

« L'effort commun de tous les partis pour résoudre cette question, et la révolte de tous les sentiments d'humanité, quand on apprend qu'un bon travailleur » épuisé par l'âge, « a succombé sous les coups de la misère, indiquent qu'il y a là, de l'aveu de tous, dit M. Escuyer, une dette de la Société qui n'est pas acquittée » ou tout au moins, si le mot dette paraît excessif à quelques-uns, un besoin social évident à satisfaire.

La quasi-unanimité qui proclame la nécessité de faire quelque chose en cette matière ne persiste malheureusement pas lorsqu'il s'agit de préciser ce que doit être la Retraite pour la vieillesse et à qui elle doit profiter, de déterminer les procédés à employer pour la constituer et d'indiquer les ressources qui serviront à l'alimenter. *Diversité des conceptions pour organiser la Retraite.*

Les uns considèrent qu'elle ne peut être que *le Résultat de la Capitalisation de l'Épargne* plus ou moins facilitée, provoquée ou imposée par la loi, et même, pour ceux qui n'ont *Epargne capitalisée.*

qu'un modique salaire, accrue par une aide des employeurs et de l'État.

Pension aux seuls nécessiteux sans contribution préalable.

Les autres voudraient au contraire que, *sans obligation pour les intéressés à contribution préalable*, ce fut *une pension servie soit indistinctement à tous les vieillards* sans leur demander compte de leur passé ni de leur avoir, *soit seulement aux vieillards nécessiteux*, en raison inverse de leurs autres ressources *et jusqu'à concurrence d'un minimum de besoin*.

Nécessité de la contribution des intéressés.

D'autres encore *ne croient pas à l'efficacité de la capitalisation* mais *jugent néanmoins indispensable de subordonner la retraite à des versements ou retenues antérieurs*.

Assurance contre le complet dénuement.

Parmi eux, celui-ci n'en prétend faire qu'une *assurance contre le complet dénuement* pour *les salariés* et petits patrons agricoles. A tous il impose les charges de la retraite, mais il n'en accorde le bénéfice que si l'on n'a pas été assez prudent ou assez heureux pour faire des économies.

Retraite acquise quelle que soit la situation pécuniaire.

Beaucoup plus nombreux sont ceux-là qui estiment que, aux intéressés qui ont rempli leur obligation, *la Retraite doit être acquise quelle que soit leur situation pécuniaire* et que *il faut l'organiser*, non pas en faveur de telles ou telles catégories de salariés ou de patrons, mais *au profit de tous les travailleurs* (ouvriers, employés ou commis, patrons et domestiques) *sans acception de sexe ni de condition*.

Uniformité des Retraites et des contributions qu'elles nécessitent.

Objection.

Parmi ces derniers, d'aucuns sont d'avis que, sans tenir compte des différences de services rendus, de besoins ni de ressources, *la Retraite et les contributions préalables qu'elle nécessite de la part de chacun doivent être uniformes pour tous les travailleurs*, mais on leur objecte que, avec l'énorme diversité de taux des salaires et de chèreté de la vie selon les milieux, *un tel nivellement ne donnerait rien de bon*, qu'*il imposerait aux uns une charge excessive pour leur moyens et ne donnerait aux autres qu'une retraite dérisoire par rapport à leurs besoins*, que *la contribution sera plus supportable à tous et la retraite plus conforme aux nécessités réelles, si l'une et l'autre représentent pour chacun un pourcentage, le même pour tous du gain individuel ;* que il n'y a pas plus d'équité

Avantages de la proportionnalité des retenues aux salaires et de la proportionnalité de la retraite aux sacrifices supportés.

à exiger de tous les mêmes versements pour leur assurer une retraite uniforme, qu'à *proportionner, d'une part, les retenues subies aux salaires et, d'autre part, les retraites à l'accumulation des sacrifices supportés par chacun;* que, enfin, dans la pratique journalière, c'est ainsi que les choses se passent *quand on ne va pas, comme pour les fonctionnaires, jusqu'à calculer la retraite sur la moyenne des traitements des dernières années, les plus élevés généralement.*

Il nous a paru que si, entre tant d'avis différents, on voulait se former une opinion raisonnée et la rendre susceptible de se généraliser assez pour faire aboutir la question, il ne fallait pas se laisser entraîner par ses habitudes d'esprit ou ses sentiments de préférence personnelle vers telles ou telles solutions préconçues qui pourraient être inefficaces ou irréalisables, mais que, au contraire, il importait de *prendre pour guide vers le but à atteindre, les nécessités et les possibilités pratiques en demandant à la statistique des données précises sur les conditions du problème,* en notant au fur et à mesure les conséquences qui découlent des constatations faites et en déduisant ce qui est à écarter et ce qu'il convient de retenir sans jamais perdre de vue que *l'objet de la Retraite qui nous occupe est de parer aux conséquences pécuniaires de la vieillesse,* c'est-à-dire de *suppléer, dans la mesure du possible, à la rémunération du travail lorsque l'âge la supprime* ou est présumé devoir la supprimer.

Méthode adoptée.

Objet de la Retraite.

Nous commencerons donc par étudier ce qui s'est fait jusqu'ici et par puiser dans l'ANNUAIRE STATISTIQUE DE LA FRANCE la connaissance exacte des *résultats donnés par les organisations de Retraites actuelles;*

Plan résumé.

Nous comparerons ensuite ce qui existe à ce qui devrait être, en demandant au Dénombrement officiel de 1891 de nous renseigner sur *la Répartition de la population française par âges et conditions,* afin de nous éclairer *sur le nombre de retraites réellement utiles à organiser* indépendamment de toutes considérations sur les moyens de faire face à ce service ;

Nous nous appliquerons à *à préciser ce que devraient être ces retraites* pour répondre au but proposé;

Nous examinerons enfin *à qui il est le plus équitable de demander les ressources pour les alimenter* et *par quels procédés il est le plus pratique d'en opérer le recouvrement et la répartition.*

ORGANISATION DE RETRAITES EXISTANTES

Les Lois, les Faits, les Résultats

La Caisse Nationale des Retraites — Nous trouvons d'abord *l'institution type des systèmes à capitalisation, la Caisse nationale des Retraites pour la vieillesse,* créée par la loi du 18 juin 1850 et réorganisée le 20 juillet 1886.

C'est une institution ouverte à quiconque veut se constituer une retraite et a le moyen d'épargner pour sa vieillesse.

Son mécanisme. — Cette caisse autonome, sous la garantie et le contrôle de l'État, *centralise et fait fructifier,* par des placements en valeurs, *l'épargne volontaire* de ceux qui lui font des versements.

(Ces versements sont facultatifs).

Elle sert, à compter d'un certain âge, aux personnes qui les ont effectués, *une rente viagère, à capital aliéné ou réservé* (selon les demandes), calculée d'après : 1° *Les versements faits par chacun et les intérêts composés, capitalisés* à des taux variables [1] ; 2° *Les chances de mortalité* prévues dans des tables dressées à l'avance et revisées à intervalles périodiques.

Le service qu'elle fait est gratuit sans gain ni perte.

Ses brochures indiquent, *d'après les versements qui seraient effectués aux différents âges et selon l'âge que l'inté-*

---

[1] Taux fixé chaque année par décret.

ressé *fixe lui-même pour sa retraite la pension qu'il peut espérer* si les conditions de mortalité et le taux d'intérêt actuellement en vigueur sont maintenus ; *mais elle ne garantit pas cette pension* dont la quotité peut se trouver modifiée très sensiblement si le revenu des valeurs vient à changer.

En définitif, *c'est la répartition proportionnelle aux versements capitalisés de chacun*, faite entre les intéressés, des rentes viagères compatibles avec la somme amassée par la Caisse.

Cette institution fonctionne au moyen d'un *livret individuel* remis à chaque déposant, par la Caisse, pour constater ses versements et établir ultérieurement *ses droits à devenir partie prenante* lorsqu'il aura atteint l'âge fixé pour la retraite.

Malgré ses avantages réels *cette Caisse ne voit s'accroître que très lentement le nombre de ses adhérents directs* parce qu'il y a impossibilité pour la masse des travailleurs d'avoir des disponibilités à y placer, alors qu'ils n'arrivent qu'à grande peine à joindre les deux bouts pour la vie courante.

Il n'a été effectué en 1894 que 20.953 versements individuels, montant ensemble à 6.649.401 francs.

Mais, en outre des versements individuels, la Caisse reçoit des versements beaucoup plus importants opérés par des intermédiaires au profit des collectivités[1].

Ces derniers versements sont le produit de retenues ou de majorations que l'État, les grandes Compagnies, les Administrations, les Sociétés de Secours Mutuels et un certain nombre de chefs d'entreprise versent, au profit de leurs employés, préposés, agents, adhérents ou ouvriers.

Malgré ce gros appoint, les pensions que la Caisse Nationale a servies en 1893 à 196.987 titulaires ne se sont élevées

Résultats de la Caisse Nationale des Retraites.

---

[1] Ces versements représentent 94 1/2 0/0 en nombre et 78 1/2 0/0 en somme des encaissements faits par la Caisse au cours de l'année 1894 (voir tableau 214, page 130, de l'*Annuaire Statistique*, année 1895-1896, des versements individuels et collectifs effectués pendant l'année 1994).

qu'à 33.216.083 francs, soit une moyenne de 168 francs 62 par tête de retraité. [1].

Critique du système de la Caisse Nationale.

Outre l'extrême modicité de ces résultats pour une Caisse Nationale qui s'étend au pays tout entier, qui a près d'un demi siècle d'existence et englobe presque toutes les institutions privées créées jusqu'ici, modicité qui tient, comme nous l'avons dit, à l'impossibilité d'épargner chez l'immense majorité des travailleurs, *le système de la Caisse Nationale présente le gros inconvénient de faire entièrement reposer l'organisation de la retraite sur le principe égoïste du " Chacun pour soi "*, en sorte que, contrairement au bon ordre, *à ressources égales ce sont les plus généreux qui en profitent le moins* car, plus ils ont dépensé pour les autres, moins il leur est resté à placer pour eux-mêmes.

Peut-être n'est-il pas sans danger de donner pour base à la retraite de la vieillesse, au lieu de la récompense aux services rendus, la tendance à s'éviter des charges.

Les Sociétés de Secours Mutuels.

A côté de la Caisse Nationale des Retraites nous trouvons *les Sociétés de Secours Mutuels*, régies précédemment par les lois et décrets des 15 juillet 1850 et 25 mars 1852 et actuellement par la loi du 22 mars 1898.

Primitivement elles ne devaient s'occuper que de secours temporaires et il leur était interdit de promettre des pensions de retraite.

Cette restriction a été supprimée par le décret de 1852.

De la faculté qui leur a été accordée de s'occuper de pensions de retraites pour la vieillesse il est résulté que les engagements imprudemment pris par beaucoup d'entre-elles n'ont pu être tenus.

---

(1) D'après un article de journal, analysant le rapport sur la Caisse Nationale des retraites présenté par la commission supérieure, le nombre des retraites servies par cette institution en 1896 se serait élevé à 352.183 et leur montant à 62.017.944 francs, ce qui donnerait une moyenne de 176 francs par tête de retraité. Si ces chiffres, que nous n'avons pu contrôler, sont exacts l'augmentation produite en l'espace de trois ans doit tenir à la mise en vigueur de la loi du 29 juin 1894 sur les Caisses de Secours et de Retraite des ouvriers mineurs et de la loi du 27 décembre 1895 sur les Caisses de Retraite, de Secours et de Prévoyance fondées au profit des employés et ouvriers, lois qui ont eu pour effet de faire absorber par la Caisse Nationale les institutions particulières qui fonctionnaient auparavant d'une façon distincte.

En s'appliquant à les prémunir pour l'avenir contre le retour de tels mécomptes, la loi dernière a étendu considérablement leurs attributions [1]. Elle les a divisées en 3 catégories : les Sociétés libres, les Sociétés approuvées et Sociétés reconnues d'utilité publique, accordant aux unes des avantages et des attributions un peu plus larges qu'aux autres.

Au fond toutes se ressemblent dans les grandes lignes. Elles ne se différencient entre elles et ne se distinguent au point de vue de la Retraite d'avec la Caisse Nationale que par les dispositions secondaires telles que : 1° *la présence de membres honoraires ou bienfaiteurs qui contribuent à les alimenter de leurs cotisations sans jouir des avantages accordés aux membres participants* ; 2° *la substitution de la promesse ferme d'une retraite déterminée*[2] au système de la répartition proportionnelle à la capitalisation des versements effectués par chacun ; 3° *l'obligation, pendant une certaine durée, à les contributions fixes au lieu de versements facultatifs.*

Les Sociétés de Secours Mutuels n'ont donné jusqu'ici, au point de vue de la retraite, que des résultats absolument piètres, aussi bien comme nombre de pensions servies à leurs adhérents qu'au point de vue de la quotité de ces pensions.

Pendant l'année 1893, treize Sociétés reconnues d'utilité publique ont servi à 550 de leurs membres 66.300 francs de retraite, soit 120 francs par tête de retraité ; 4.071 Sociétés approuvées ou autorisées ont servi à 36.944 de leurs membres 2.562.779 francs de pensions soit 69 francs 36 centimes par tête de retraité.

Dispositions
secondaires
variées.

Résultats
des Sociétés
de
Secours Mutuels.

---

(1) L'article premier de la loi du 22 mars 1898 porte : les Sociétés de Secours Mutuels sont des Associations de prévoyance qui se proposent d'atteindre un ou plusieurs des buts suivants : assurer à leurs membres participants et à leur famille des secours en cas de maladie, blessures ou infirmités, leur constituer des pensions de retraite, contracter à leur profit des assurances individuelles ou collectives en cas de vie, de décès ou d'accidents, pourvoir aux frais des funérailles et allouer des secours aux ascendants, aux veufs, veuves ou orphelins des membres participants décédés.

Elles peuvent en outre accessoirement créer au profit de leurs membres des cours professionnels, des offices gratuits de placement et accorder des allocations en cas de chômage, à la condition qu'il soit pourvu à ces trois ordres de dépenses au moyen de cotisations ou de recettes spéciales.

(2) Retraite qui, dans les unes, est uniforme et dans d'autres proportionnée au traitement selon que la contribution est la même pour tous ou qu'elle représente un pourcentage des salaires.

Impuissance des Mutualités privées en matière de Retraite.

Des résultats aussi dérisoires montrent combien *c'est un préjugé qu'il importe de détruire que de croire aider à l'avancement de la question des Retraites en encourageant les Sociétés de secours Mutuels à s'en occuper;* c'est le contraire qui est la vérité.

Les hommes qui ont sérieusement étudié la question s'en sont convaincus. M. Constans, dans le projet qu'il a déposé, comme ministre de l'Intérieur au nom du Gouvernement de M. Carnot, constatait, dès 1891, l'impuissance des Sociétés de Secours Mutuels et de la Caisse Nationale à organiser la retraite des travailleurs et il émettait cet aphorisme ;

« Il est admis comme un axiome, dans la science économique, que l'intervention de l'état est légitime dans toutes les circonstances où l'initiative privée est impuissante. C'est le cas ou jamais d'appliquer ce principe. »

Or, cette impuissance, évidente dans le passé, ira nécessairement en s'aggravant dans l'avenir, au fur et à mesure que le taux de la capitalisation baissera, ce qui arriverait d'autant plus vite que, en plus grand nombre et pour un chiffre plus important, les Mutualités auraient recours à ce procédé, le seul à la portée d'institutions privées, fatalement limitées dans leur durée et leur étendue et essentiellement sujettes à des variations dans le nombre de leurs adhérents.

En sorte que toutes les promesses qu'elles peuvent faire deviendraient, par la force des choses, tôt ou tard irréalisables et présagent pour l'avenir de cruelles déceptions, à moins que, par le jeu de l'article 21 de la loi du 22 Mars 1898, l'obligation de parfaire l'intérêt des dépôts des Sociétes de Secours Mutuels à 4 1/2 0/0, incombant au budget ne se traduise par une charge nouvelle d'un poids incalculable à faire subir aux contribuables.

Caisses Patronales.

A la suite de la Caisse Nationale et des Sociétés de Secours Mutuels, il convient de placer, comme procédant du même esprit, *les Caisses patronales,* qui se distinguent en deux catégories, selon qu'elles sont alimentées uniquement par le patron, auquel cas ce sont des institutions de bienfaisance, absolument louables, mais d'un nombre et d'une portée nécessairement très restreints, car peu d'entreprises sont assez prospères pour pouvoir agir avec cette largesse [1], ou bien qu'elles sont, comme les Mutualités, alimentées partie par les patrons qui jouent le rôle de Membres bienfaiteurs, partie par les retenues sur les salaires des ouvriers ou employés. S'il en est ainsi, elles participent à toutes les causes d'inefficacité des Sociétés de Secours Mutuels en matière de retraite, avec cette circonstance aggravante qu'elles lient le salarié à l'établissement qui l'occupe, comme le serf à la glèbe, puisqu'il perd ses droits à la retraite s'il vient à quitter l'entreprise qui le fait travailler et qu'elles l'exposent à voir son espérance de retraite s'évanouir si l'entreprise tombe en déconfiture [2].

Sans doute la loi du 27 Décembre 1895 a paré à quelques-uns de ces inconvénients, mais seulement en reportant sur la Caisse Nationale un surcroît d'obligations dont la moins lourde n'est pas celle d'accumuler incessamment de plus gros capitaux, de les faire fructifier et d'en *capitaliser les intérêts*.

Avant d'aborder la critique de la *capitalisation*, il nous reste, pour en finir avec les institutions existantes, basées sur ce procédé, à dire quelques mots *des Caisses de Secours et de Retraites des ouvriers mineurs*, rendues obligatoires par

Caisse de Secours et de Retraite des ouvriers mineurs

---

[1]. Les publicistes qui n'ont jamais été aux prises avec les difficultés industrielles, croient et disent volontiers qu'il est facile aux patrons, soit de prendre sur leurs bénéfices de quoi assurer la retraite de leur personnel, soit d'en reporter la dépense, en vertu de la fameuse *loi d'incidence* sur l'acheteur de leurs produits, en majorant le prix d'autant.

Ils ignorent que, pour une entreprise qui gagne gros, il y en a dix qui végètent et que les fabricants vendent leur marchandise ce qu'ils peuvent et non pas ce qu'ils veulent.

L'expérience journalière démontre que, lorsqu'on surcharge l'industrie nationale et augmente ses prix de revient, on provoque la concurrence des peuples où la production est moins obérée, on entrave le développement de l'activité dans son propre pays et, en diminuant les besoins de main-d'œuvre, l'on amène la baisse des salaires au détriment des travailleurs qu'on voulait avantager.

La contribution des employeurs pour la formation de la retraite de leur personnel est légitime, on le verra plus loin, mais ils ne peuvent généralement suffire seuls à l'assurer et leur concours ne peut leur être demandé qu'avec une prudente mesure.

[2]. Les Caisses patronales de Retraite de ces derniers types sont très utiles aux entreprises dont elles fixent le personnel, mais font courir trop de risques aux salariés au profit desquels elles sont créées.

la loi du 24 juin 1894 dont les dispositions qui nous intéressent, sont contenues dans les article 2, 3 et 4 ainsi conçus :

« ART. 2. — *L'exploitant versera chaque mois soit à la Caisse Nationale des Retraites pour la vieillesse*, soit dans une des caisses prévues à l'article 4, pour la formation du capital constitutif des pensions de retraites, *une somme égale à quatre pour cent (4 0/0) des salaires des ouvriers ou employés, dont moitié à prélever sur le salaire et moitié à fournir par l'exploitant lui-même.* Les versements pourront être augmentés par l'accord des deux parties intéressées. *Les versements seront inscrits sur un livret individuel au nom de chaque ouvrier ou employé ; ils seront faits à capital aliéné.* Toutefois, si le titulaire du livret le demande, le versement de la part prélevée sur son salaire sera fait à capital réservé. L'exploitant pourra prendre à sa charge une fraction supérieure à la moitié des versements ou sa totalité.

« ART. 3. — Les pensions sont acquises et liquidées dans les conditions prévues par la loi du 20 juillet 1886 sur la Caisse Nationale des Retraites pour la vieillesse.

« L'entrée en jouissance est fixée à cinquante-cinq ans ; elle pourra être différée sur la demande de l'ayant-droit, mais les versements cesseront, à partir de cet âge, d'être obligatoires.

« ART. 4. — Les exploitants de mines pourront obtenir l'autorisation de créer des Caisses syndicales ou patronales de retraites pour les ouvriers ou employés occupés dans leur exploitation. Le décret d'autorisation prescrira les mesures à prendre...

« Les fonds versés par les exploitants dans la Caisse syndicale ou patronale devront être employés en rentes sur l'État, en valeurs du Trésor ou garanties par le Trésor ou en obligations départementales ou communales. Ces titres seront nominatifs. »

Cette loi a de particulièrement remarquable d'avoir introduit dans nos codes *la nouveauté de l'obligation imposée conjointement aux patrons et aux ouvriers des mines* de parer aux conséquences pécuniaires de la vieillesse et *de contribuer les uns et les autres* à assurer la retraite.

Il y a lieu de se demander par quelle subtilité d'arguments on voudrait soutenir que, légitime dans l'espèce spéciale des mineurs, l'intervention du législateur ne serait pas également de mise pour généraliser la mesure au profit des autres catégories de travailleurs.

Les organisations de retraites qui précèdent procurent généralement aux retraités des pensions proportionnelles à l'accumulation des versements effectués pour chacun et *reposent toutes sur un procédé commun de réalisation :* **La Capitalisation.** En voici le mécanisme .

Les versements successifs effectués par ou pour les intéressés *sont placés en valeurs rapportant intérêts.*

L'accumulation : 1° des versements successifs ; 2° des intérêts ; 3° des intérêts des intérêts *forme un capital qui doit suffire soit seulement au service des arrérages de pension viagère* dûs aux adhérents survivants *quand la retraite est constituée à capital aliéné, soit à la fois au service des arrérages ci-dessus et au remboursement sans intérêts, des sommes versées* lorsque surviendra le décès du titulaire, *si la retraite a été constituée à capital réservé.*

L'inconvénient essentiel de la capitalisation comme base d'extension de la retraite c'est que les vieux travailleurs actuels et ceux qui atteindront la vieillesse d'ici 25 à 30 ans ne pourraient en bénéficier, en sorte que, pendant cette longue période, « le pays supporterait les charges de la réforme sans en voir les bienfaits correspondants [1].

Comme, en attendant, on ne peut laisser les vieux mourir de faim, la génération valide qui les nourrit aurait, pendant plus d'un quart de siècle, à supporter la double obligation : 1° d'entretenir les vieillards incapables de se suffire et 2° de préparer en même temps sa propre retraite.

---

[1] Escuyer.

L'énormité du fardeau serait suffisante pour faire indéfiniment ajourner tout projet d'organisation générale de la retraite basée sur la capitalisation.

La capitalisation présente d'ailleurs un autre défaut non moins grave.

Toute son efficacité dépend du taux de l'intérêt qui est la clef de voûte du système.

Si ce taux est élevé, le capital formé pour le service des rentes viagères répond aux besoins, si l'intérêt s'abaisse, l'insuffisance se produit et alors un dilemne se pose :

Ou la Caisse chargée du paiement des Retraites s'endette de plus en plus et va à la faillite, *si elle a promis ferme des pensions d'un chiffre déterminé* calculées sur des revenus meilleurs (c'est le cas de beaucoup de Mutualités) *ou elle est obligée de réduire les pensions* qui deviennent dérisoires en comparaison des espérances conçues (c'est ce qui arrivera fatalement pour la Caisse Nationale des Retraites plus le taux du loyer de l'argent baissera).

Or, l'abaissement graduel du loyer de l'argent est un fait constaté dans le passé puisque, en moins de trente ans, le revenu de la rente est tombé de 6 à 3 0/0, et prévu dans l'avenir par tous les économistes.

Cette réduction, *pour les valeurs dites de tout repos*, les seules auxquelles on puisse songer pour la capitalisation des versements faits en vue de la retraite, serait d'autant plus rapide et plus forte que la ou les Caisses de Retraites auraient une plus grande quantité de placements à faire.

Par ce phénomène, que M. Hubbard a spirituellement appelé *l'autophagie de l'épargne*, les difficultés, non seulement de faire fructifier mais même de constituer et de conserver à l'abri des risques un capital énorme, augmenteraient sans cesse.

L'une des moindres ne serait pas le retrait de la circulation de ce capital et la perturbation qui en résulterait dans la vie financière du pays.

La Capitalisation rend des services à l'Épargne indivi-duelle (elle en a rendu surtout quand le taux de l'intérêt était élevé) *mais elle a fait son temps en fait d'organisation collec-tive de retraites pour la vieillesse ;* voilà ce que l'observation des faits, corroborée par le raisonnement, démontre d'une façon péremptoire.

L'État avait primitivement établi le service des retraites de ses fonctionnaires sur la capitalisation.

Il a, depuis longtemps, en ce qui le concerne, renoncé à ce système.

La loi du 9 juin 1853[1] y a substitué l'organisation suivante :

Moyennant la retenue :

1° *De cinq pour cent sur les sommes payées à titre de traitement* fixe ou éventuel;

2° *De un douzième des mêmes rétributions lors de la pre-mière nomination* et de un douzième de toute augmentation ultérieure :

3° *Des diminutions ou suppressions de traitement résultant de congés, absences et mesures disciplinaires;*

Le droit à la pension est acquis, par ancienneté, *aux Fonctionnaires civils à 60 ans d'âge et après 30 années de service accomplies* [2] *quelle que soit leur situation pécuniaire*

**Retraite
des
Fonctionnaires.**

Son mécanisme.

---

(1). Historique. — Le système de la Capitalisation comporte *deux périodes successives,* d'abord celle où l'on encaisse les contributions des intéressés, ensuite celle, *dite de jouissance,* où la Caisse qui a reçu les versements doit les restituer accrus des intérêts sous forme de rente viagère aux ayants-droit survivants.

L'empire a profité de ce qu'en 1853 on était encore dans *la période de forma-tion* pour faire main basse sur les retenues faites aux fonctionnaires qui s'accumu-laient dans 24 caisses de retraites précédemment constituées à leur profit. Par la loi du 9 juin 1853 il a supprimé les dites Caisses, s'est emparé de leur actif, a décidé que désormais les retenues subies par les fonctionnaires seraient versées au Trésor pour être confondues dans l'ensemble des recettes et a mis le service de leurs pensions à la charge des budgets de l'avenir sans s'inquiéter si les recettes et les dépenses pourraient s'équilibrer.

(2) Les limites sont abaissées dans certains cas selon la nature des fonctions et la condition d'âge est supprimée pour le titulaire qui a été reconnu, par le ministre, hors d'état de continuer sa fonction.

mais seulement lorsqu'ils ont cessé la fonction qui y donne droit [1].

Cette pension est basée sur la moyenne des traitements et émoluments de toute nature soumis à retenue, dont l'ayant droit à joui pendant les six dernières années.

Elle s'élève à autant de soixantièmes de cette moyenne annuelle qu'il compte d'années de service.

La pension de Retraite est reversible pour portion (un tiers) sur la tête de la veuve du titulaire ou ayant-droit.

Des dispositions analogues, au moins aussi avantageuses pour les intéressés, s'appliquent aux pensions militaires.

Critique du système de retraite des Fonctionnaires.

Le système de retraite des Fonctionnaires présente des caractères très différents de ceux observés jusqu'ici.

Il convient de les étudier au double point de vue.

1° De *leurs effets pour les intéressés* ;

2° Des *charges qui en résultent pour la Caisse qui sert les pensions.*

Son caractère. Quotité de la Retraite.

En ce qui concerne les intéressés nous remarquons d'abord que *la quotité de la retraite* au lieu d'être proportionnelle à l'accumulation des retenues subies par chacun, comme à la Caisse Nationale, *est un pourcentage du traitement annuel moyen des six dernières années de service,* d'autant plus élevé que la durée de service à été plus longue.

Avantages.

Sans doute ce mode de détermination de la Retraite répond bien à son objet qui est de parer aux conséquences pécuniaires de la vieillesse, puisque, *à durée de service égale, il fixe le montant de la pension à une fraction, la même pour tous, de la rémunération que chacun tirait de son travail* lorsque l'âge est venu la supprimer.

---

(1) Le Conseil d'État a décidé que le Gouvernement avait la faculté de maintenir les fonctionnaires en activité au-delà de l'âge fixé pour la retraite et de ne leur accorder celle-ci que dans la limite des crédits mis à sa disposition à cet effet.

En fait les Chambres votent les subsides nécessaires pour que la retraite ait lieu vers l'âge prévu par la loi, dans la généralité des cas. Si parfois elle est différée, ce n'est guère que pour ceux qui, comme les instituteurs, sont considérés comme appartenant au service actif et bénéficient comme tels d'un abaissement de la limite d'âge (voir loi des 17, 23 août 1876).

Mais au point de vue démocratique comme à celui de la plus équitable répartition, il n'est pas à l'abri de toute critique car *il avantage les chefs* dont l'avancement a été le plus grand *au détriment des employés subalternes* dont les émoluments ont moins varié, *il fait dépendre la retraite de l'importance des derniers postes occupés et non de l'ensemble des services rendus et rompt tout rapport entre les retraites allouées et les retenues subies.*

Inconvénients.

Au lieu d'être distribuée d'après le procédé adopté, *il serait préférable que la somme des retraites des fonctionnaires, tout en demeurant ce qu'elle est, fût répartie entre eux proportionnellement à l'accumulation des sacrifices supportés par chacun.*

Méthode préférable.

Quoiqu'il en soit, *tel qu'il est établi, le système de retraite des fonctionnaires est déjà très à leur avantage, parce qu'il constitue à leur profit un engagement ferme qui assure à chacun au minimum la moitié du meilleur traitement qu'il a eu au cours de sa carrière et parce que le taux du pourcentage fixé arbitrairement à un soixantième par année de service, dépasse et de beaucoup,* même pour les moins favorisés, ce que produiraient les retenues effectuées si elles avaient été placées à la Caisse Nationale des Retraites [1].

Conséquences pour les Fonctionnaires.

---

(1) En effet, si l'on prend l'hypothèse la plus avantageuse dans le système de la Caisse Nationale qui, par contre, est la plus défavorable dans le système adopté pour les fonctionnaires, celle d'une personne entrée dans l'Administration à 30 ans et sortie à 60 ans, après avoir eu le même traitement pendant toute la durée de ses services et si l'on compare les résultats, on voit que :

1° Placées à capital aliéné à la Caisse Nationale des Retraites au taux actuellement en vigueur de 3 1/2 pour cent, les retenues subies donneraient droit, après 60 ans accomplis, à la pension viagère suivante :

a. — La retenue du premier mois de traitement soit 8 fr. 60 pour cent francs de traitement faite à 30 ans produirait, à 60 ans d'âge, une rente viagère de
$$0.3842 \times 0.85 = 3 \text{ fr. } 26 \text{ 0/0}$$

b. — La retenue annuelle de cinq francs par cent francs de traitement faite de 30 à 60 ans donnerait droit à une pension viagère de
$$6.2650 \times 0.05 = 31 \text{ fr. } 32 \text{ 0/0}$$
$$\text{Ensemble} \quad \ldots \ldots \ldots \quad 34 \text{ fr. } 58 \text{ 0/0}$$

de son traitement annuel, soit un peu plus du tiers du traitement.

2° Les mêmes retenues subies assurent, dans le système établi par la loi du 9 juin 1853, une retraite de 30 soixantièmes soit de la moitié du traitement annuel.

Si au lieu d'être demeuré fixe, le traitement avait augmenté au cours du service, ce qui, en fait, se réalise toujours, l'écart serait encore plus grand et d'autant plus sensible que l'avancement aurait été plus marqué.

Conséquences pour l'État.

Par contre, le service des retraites des fonctionnaires est devenu fort onéreux au Trésor, non seulement pour les motifs que nous venons de voir, qui le rendent avantageux pour les intéressés, mais encore en raison de la faute grave commise dans la loi du 9 juin 1853 de n'avoir pas constitué de ressources pour parer aux engagements qu'elle faisait contracter à l'État.

En 1896 les pensions civiles ont représenté pour l'État une dépense de 68 millions alors que le produit corrélatif des retenues aux fonctionnaires civils n'a été que de 24 millions [1].

---

[1] Voici un article du journal *Le Temps* du 29 février 1897 qui analyse le rapport fait par une Commission officielle, chargée d'étudier la question et où la situation est exposée d'une façon fort intéressante :

« En 1994, un groupe de jeunes instituteurs soulevait, dans la *Correspondance générale de l'Instruction primaire*, une question intéressante pour eux, très grave pour l'État.

Avec la retenue de 5 0/0 prélevée sur le traitement des instituteurs et des institutrices, qui sont aujourd'hui au nombre de 110,000, l'État reçoit-il plus ou moins qu'il ne donne sous forme de pensions de retraites ? Les combinaisons financières que pourraient leur offrir les Sociétés d'assurance leur donneraient-elles des avantages plus grands que ceux que leur accordent les lois de 1853 et de 1876 ?

La pensée intime de ces jeunes instituteurs paraissait bien être que l'État bénéficiait sur eux, et que le pain de leurs vieux jours serait plus abondant et mieux assuré, si, au lieu d'aller se perdre dans le budget général, les retenues de diverse nature que l'État fait subir à leurs traitements étaient confiées à une Société libre d'assurance ou mieux encore, versées dans une Caisse d'assurance mutuelle gérée par les instituteurs eux-mêmes.

Dans leur lettre explicative, ils faisaient des hypothèses, ébauchaient des calculs divers et ils finissaient par demander une enquête sérieuse et démonstrative sur cette grosse question. Leur vœu fut entendu. Une commission fut nommée où entrèrent M. Gréard, comme président ; MM. Buisson, Cahen, inspecteur général du Soleil ; Cheysson, Goudchaux, ancien banquier ; Grimper, directeur de la Nationale : Labeyrie, directeur de la Caisse des dépôts et consignations ; de Mas Latrie, du bureau des pensions au ministère de l'instruction publique ; Griolet, vice-président des chemins de fer du Nord, et d'autres membres encore, tous économistes ou statisticiens non moins connus et non moins compétents.

L'enquête demandée fut faite par les soins de cette commission et les résultats viennent d'en être réunis et publiés dans une brochure qui est de nature à causer quelque surprise aux demandeurs et de l'étonnement au public.

Il est à remarquer que l'écart entre ces deux chiffres n'est pas, *pour la totalité*, un cadeau fait par l'État aux fonctionnaires, car c'eut été leur faire tort que de se borner à restituer les capitaux prélevés, aux intéressés, après les avoir privés d'en jouir pendant toute une longue durée; *le moins qu'on leur devait était d'ajouter à cette restitution l'accumulation des intérêts que ces capitaux auraient pu produire dans leurs mains, s'ils les avaient conservés à leur disposition.*

Jusqu'à cette limite, la pension des fonctionnaires est

Observation.

En 1853, l'Etat prit à sa charge toutes les pensions civiles. En retour, il s'attribua la propriété des Caisses de retraite particulières déjà existantes, prit leurs fonds, fit entrer les retenues au budget des dépenses. Ce fut une fâcheuse mesure dont les conséquences se révèlent d'année en année plus graves. Dans les premières années, l'Etat encaissa d'abondantes recettes, sans avoir beaucoup de pensions à servir. Mais on sait combien les fonctionnaires de tout ordre se sont multipliés. Leurs formidables colonnes débouchent aujourd'hui vers l'âge de la retraite. L'Etat paie à l'heure actuelle 68 millions de pensions, tandis qu'il ne reçoit que 24 millions. Le second chiffre ne peut plus guère augmenter; mais le premier est loin d'être encore au niveau de ce qu'il atteindra forcément dans quelques années. Voilà pour la question générale. Voici maintenant pour les instituteurs. C'est M. Cahen qui fournit les chiffres suivants :

Il suppose un instituteur entrant en fonction à vingt ans, traversant tous les échelons de l'avancement, déposant le produit des retenues qu'il subit à une compagnie d'assurance comme la Nationale ou le Phénix et se retirant à cinquante-cinq ou soixante ans. Il pourrait toucher un capital de 5,300 francs ou une rente viagère de 380 francs à cinquante-cinq ans. A soixante, le capital serait de 6,700 ou la rente viagère dé 570 francs. Or, d'après la loi de 1876, l'Etat lui alloue aujourd'hui dans les mêmes conditions de prélèvement annuel une pension viagère qui varie entre 1,200 et 1,300 francs. D'après M. Cheysson, qui corrobore les calculs de M. Cahen, l'Etat, pour recevoir l'équivalent de ce qu'il donne sous forme de pension, devrait retenir aux fonctionnaires non pas 5 0/0 mais 15 0/0 de leurs traitements au minimum.

Enfin la Commission a calculé que, si l'Etat encaisse annuellement une somme de 7 à 8 millions sous forme de retenues imposées aux instituteurs, il leur paiera en 1917, quand le système jouera en plein, une trentaine de millions de retraite, c'est-à-dire que l'Etat leur fera annuellement un cadeau de 22 ou 23 millions, sans compter les rentes accordées encore aux veuves et aux orphelins. Dès aujourd'hui le cadeau dépasse 6 millions.

L'Etat donne donc infiniment plus qu'il ne reçoit, et, loin d'avoir à se plaindre, les fonctionnaires de tout ordre, semble-t-il, ont lieu de s'estimer une dette rigoureuse que l'État acquitte envers eux en compensation des retenues qu'il leur a imposées.

Pour le surplus, elle est une libéralité qu'il a promis de leur faire en récompense des services rendus.

Au point de vue de l'étude qui nous occupe il y a d'autres choses essentielles à noter :

1° Le système de retraites qui se pratique pour les fonctionnaires, depuis près d'un demi siècle est une organisation de retraites sans capitalisation.

2° Cette organisation est basée sur des retenues **obligatoires et proportionnelles** *aux émoluments de chacun.*

Exemple d'organisation de Retraite sans capitalisation.

---

favorisés. Seulement, la question maintenant se retourne. L'État peut se plaindre à son tour et nos budgets peuvent devenir si étroits que, par un autre côté, les instituteurs auront peut-être d'autres sujets d'inquiétude. La loi de 1876 fixe bien l'âge de la retraite pour les instituteurs à cinquante-cinq ans. Mais, si elle leur donne une possibilité, elle ne leur constitue pas un droit. Ainsi l'a décidé, en effet, le Conseil d'État. Le nombre de mises à la retraite chaque année se trouve fixé par le crédit que la loi de finances ouvre à l'instruction publique pour cet objet. L'État se déclare donc débiteur de la pension de retraite, mais il se réserve de s'acquitter quand et dans la mesure où ses ressources le lui permettront. Voilà pourquoi des instituteurs vont jusqu'à soixante ans et plus. De là les plaintes, non des ayants-droit à la retraite qui souvent n'y tiennent pas du tout, mais des jeunes qui estiment qu'ils n'avancent pas assez vite.

On voit donc que la démonstration mathématique des statisticiens ne consolera pas beaucoup les instituteurs. Mais ils font valoir un autre grief. Si un maître meurt après avoir subi les retenues réglementaires pendant dix ans, vingt ans, en un mot, avant d'arriver à l'âge de la retraite, ni sa veuve ni ses enfants n'ont le droit de rien réclamer. L'argent qu'il a versé est perdu pour eux et cela leur semble une spoliation. Comment prévenir de telles misères ? La commission ne voit qu'une solution pour le moment. Elle engage vivement les maîtres, quand ils se marient surtout, à combler par l'assurance temporaire en cas de décès, la lacune que présentent les lois de 1853 et de 1876 et de parer ainsi, par un léger sacrifice, à des accidents et à des malheurs auxquels l'État aura bien de la peine à remédier.

Nous avons voulu raconter cette petite histoire parce qu'elle porte une grande instruction en elle-même. Il nous semble qu'elle prouve à l'évidence combien on peut difficilement compter sur l'État pour rendre tout le monde content de son sort, et combien il est nécessaire de faire appel à l'énergie individuelle, aux associations libres, à l'esprit de prévoyance de chaque famille, pour lutter sans trop de désavantage contre les coups du sort et les misères de la vie ».

3º Au lieu d'être capitalisées ou employées au profit de ceux qui les subissent, *les retenues faites aux fonctionnaires en exercice servent immédiatement à payer les pensions des anciens fonctionnaires déjà à la retraite.*

4º *Le défaut d'équilibre* que nous avons constaté dans cette organisation *entre les recettes et les dépenses est la conséquence de l'imprévoyance des législateurs de l'Empire mais n'infirme en rien la valeur du système qui eût fonctionné normalement si les précautions nécessaires avaient été prises.*

Pour mettre le budget de l'État à l'abri de tout aléa, au lieu de rendre le montant des retraites incalculable à l'avance en les faisant dépendre d'avancements plus ou moins arbitraires, au lieu de prendre l'engagement ferme d'en fixer la quotité à autant de soixantièmes du traitement moyen des six dernières années que le retraité compte d'années de service, au lieu surtout d'omettre de créer un supplément de ressources pour faire face aux nécessités du service, *il eût suffi d'avoir la prudence :*

1º *D'ajouter annuellement aux retenues le complément d'allocation qu'on jugeait équitable et possible de consacrer aux pensions de retraite.*

2º *D'imiter la Caisse nationale des retraites pour la vieillesse en s'obligeant seulement à répartir, entre les ayants-droit, au prorata de l'accumulation des sacrifices supportés par chacun, les ressources disponibles ainsi constituées,* ce qui, nous l'avons vu plus haut, serait un mode d'organisation plus juste et plus démocratique que celui adopté pour les fonctionnaires.

Moyennant ces deux modifications et pourvu qu'aux retenues subies s'ajoute annuellement un complément d'allocation au moins égal à ce que produirait pour les intéressés l'accumulation des intérêts des dites retenues, ce système de retraite sans capitalisation peut se suffire à lui-même et est susceptible d'être généralisé autant qu'on le jugerait utile sans faire courir aucun risque ni aux intéressés, ni à la caisse chargée d'en assurer le fonctionnement.

Conditions indispensables.

Résultats comparatifs de l'organisation des Retraites adoptée pour les Fonctionnaires et des autres systèmes de retraite existants.

Basé sur la répartition immédiate entre les anciens travailleurs retraités des retenues subies par les travailleurs en activité, *il n'est toutefois pratiquable que par une institution permanente dans sa durée, protégée contre les causes de diminution dans le nombre de ses menbres et la quotité de ses ressources par* l'obligation *des retenues pour tous les travailleurs qu'elle englobe.*

Après avoir examiné, dans ses plus importantes dispositions l'organisation de la retraite des fonctionnaires nous avons à voir les résultats qu'elle a donnés et à les comparer à ce qu'ont produit, pour le surplus de la population laborieuse, les autres systèmes existants.

En 1893 l'État a payé 194.816.368 francs de pensions diverses à 241.640 titulaires, soit une moyenne de 806 francs par tête [1].

Pendant la même année 1893 il n'y a eu que 33.216.083 francs de rentes viagères servies par la Caisse Nationale à 196.987 ayants-droit, soit une moyenne de 168 francs par tête et 2.629.079 francs de retraites payées par les Sociétés de Secours Mutuels à 37.496 de leurs adhérents, soit une moyenne de 70 francs par tête.

Au total il n'y a donc que 35.845.162 francs de pensions de retraite pour toute la population laborieuse qui n'exerce pas de fonctions publiques.

Si l'on considère que la population active de la France est de 15,675,446, qu'il y a en plus 1,609,432 domestiques comptés dans la population passive, et que sur un total de 17,284,870 travailleurs, les fonctionnaires n'entrent que pour 802,148 [2], on constate cette étrange anomalie.

1° Pour trois fonctionnaires en exercice, il y a un fonctionnaire retraité jouissant d'une pension moyenne de 800 francs ;

---

[1] Voir pour les chiffres cités l'*Annuaire Statistique* (1895-96) tableau 215, page 131.

[2] Savoir : Administration 240.269, de Force publique, 561.879. Ensemble 802.148.

2° Pour soixante-quatorze travailleurs non fonctionnaires il n'y a qu'un retraité dont la pension infime varie de 168 francs à 70 francs par an et tout le surplus des anciens travailleurs est complètement dépourvu de retraite.

Cette inégalité n'est pas juste ; c'est un devoir et une nécessité sociale de la faire cesser. En vain, pour s'y soustraire, l'École dite libérale voudrait-elle objecter sa théorie que. au lieu de retenir, comme le fait l'État à ses fonctionnaires, une fraction du gain pour constituer la retraite mieux vaut remettre de suite aux travailleurs l'intégralité de ce qui leur est dû en rémunération de leur peine et les laisser faire à leur guise le départ de ce qu'ils veulent consacrer à leurs besoins immédiats et à ceux de leurs vieux jours.

Puisque, en pratique, il n'a pas été jugé expédient d'agir ainsi pour ceux qui, par leur degré d'instruction, leurs habitudes méthodiques et la régularité de leur vie, semblaient les plus aptes à prévoir et à assurer par eux-mêmes les besoins de leur vieillesse, il ne peut être bon de compter pour y pourvoir sur l'initiative purement individuelle de la masse moins éclairée et plus exposée par son genre de vie et l'incertitude de son gain à voir ses ressources absorbées au jour le jour.

Il est évident que, tant que le législateur ne sera pas intervenu, sinon pour faire fonctionner par l'État, du moins pour instituer sur des bases légales, un service de pensions au profit de tous les vieux travailleurs, on continuera de voir ce scandale d'une multitude de gens, ayant consacré toute leur vie au travail et s'étant toujours privés pour les autres, plus maltraités dans leur vieillesse que ceux qui ont vécu en égoïstes.

L'inégalité que nous dénonçons comme n'ayant que trop longtemps duré, entre les fonctionnaires et les autres travailleurs au sujet de la retraite, ne pourrait se justifier que s'il y avait de la part des premiers supériorité de service.

En est-il ainsi ? — Loin de là.

Sans médire des fonctionnaires et sans vouloir en rien leur faire tort ni rabaisser leur mérite, on est bien forcé de reconnaître que leur rôle dans la Société n'est pas sans analogie avec celui des frais généraux dans une entreprise industrielle et que les autres travailleurs, notamment les plus nombreux et les plus utiles d'entre eux, les producteurs qui dans la Société remplissent cette fonction essentielle de fructifier la terre, de façonner et de mettre à la portée de tous les objets nécessaires à la vie (nourriture, vêtement, habitation), rendent des services sinon supérieurs, au moins équivalents à ceux des fonctionnaires.

Dès lors on est fondé à conclure qu'ils ne doivent pas être moins bien partagés dans leurs vieux jours, après qu'ils ont rempli leur tâche.

Considérations pratiques. L'infériorité dans laquelle ils ont été maintenus jusqu'ici, à cet égard, présente, au point de vue pratique, des inconvénients graves.

Il n'est bon pour personne que la plupart des hommes qui tirent du travail leurs moyens d'existence, qui supportent la plus grosse part des charges fiscales et n'ont qu'un gain aléatoire, pas toujours corrélatif à l'effort dépensé, qui vivent exposés à tous les risques, qui sont continuellement à la merci des crises économiques, politiques et sociales, à qui les perturbations jetées dans les affaires par la spéculation, les caprices de la mode, la concurrence, les intempéries peuvent du jour au lendemain enlever leur gagne-pain, n'aient même pas, après une vie de labeur, la sécurité du vieil âge.

Il n'est pas bon que la vieillesse ne leur apparaisse que comme une menaçante épée de Damoclès, s'ils n'ont pu mettre de côté de quoi vivre dans leur vieillesse, ou si le pécule péniblement amassé est englouti par un cas fortuit.

Conséquence double du manque de retraite. Les conséquences de leur obsédante et angoissante inquiétude se voient chaque jour

La vie, sous cette perpétuelle menace, crée, parmi eux, deux courants également fâcheux.

Chez les plus favorisés du sort, ceux qui, dans les bons moments, gagnent assez pour espérer faire fortune, la peur de manquer développe l'âpreté au lucre, l'avidité de s'enrichir vite par l'exploitation de leurs semblables.

Chez la masse des prolétaires dont le salaire quotidien, généralement insuffisant, est presque fatalement absorbé par les besoins immédiats, la désespérance de pouvoir constituer une épargne suffisante pour échapper à la misère des vieux jours engendre l'imprévoyance, le découragement qui mènent vite à la débauche et la révolte contre un état social où ils n'aperçoivent que de continuels sacrifices à faire sans avantages correspondants.

Comment en serait-il autrement quand ils voient à côté d'eux une autre espèce d'hommes, les fonctionnaires de tous ordres et de tous grades, dans une situation bien différente et vraiment enviable en comparaison de la leur.

Les fonctionnaires ont le privilège des honneurs, la fatigue leur est prudemment ménagée, leur rémunération, si elle n'est pas toujours grosse, est du moins assurée et va croissant avec les années de service ; enfin, moyennant une faible retenue, quand l'âge arrive, souvent même avant que les forces soient épuisées, une retraite calculée largement sur le traitement des dernières années, le meilleur naturellement, leur est servie en partie aux frais des contribuables.

Ce que produit un tel état de choses, est-il besoin de le dire ?

C'est le nombre toujours croissant des quémandeurs de places.

Quiconque a rempli des fonctions électives, et s'est trouvé en butte aux sollicitations électorales, sait combien pour toutes les fonctions, même les plus infimes, il y a de postulants. Celles qui existent ne suffisent pas à satisfaire les appétits. Ils en réclament chaque jour de nouvelles et, comme l'élu n'ose pas toujours résister, c'est la marée continuellement montante des budgétivores qui menace de submerger les ressources ; c'est l'appauvrissement du pays grugé par l'excès de bouches inutiles à nourrir; c'est l'énervement des énergies qui s'habituent à attendre de l'Etat ce qu'elles doivent demander à l'effort individuel ; c'est l'abaissement des caractères qui, pour avancer se plient aux bassesses de l'intrigue et à la servilité envers les chefs.

Le remède. Généralisation de la Retraite

A ce mal qui menace d'atteindre jusque dans ses forces vives notre chère France, il n'y a pas de remède plus efficace que de faire disparaître ce monstrueux privilège des fonctionnaires, d'avoir seuls l'existence des vieux jours assurée.

Il faut ramener, vers le champ, l'atelier ou le comptoir, les activités qui s'étiolent dans l'atmosphère délétère des bureaux, en améliorant le sort de ceux qui peinent le plus, en leur procurant les avantages réservés jusqu'ici à ceux qui ont le moins de soucis et de tracas et en premier lieu celui de ces avantages qui est le plus envié de tous, la retraite pour la vieillesse.

« Il y a dans notre pays, dit M. Pascal, la retraite de l'épée et la retraite de la plume, mais la retraite de l'outil nous manque encore. C'est la tâche de la République de la créer », ou plutôt, car il ne s'agit pas d'ajouter, pour une nouvelle catégorie d'individus, un privilège à céux qui existent déjà, mais de faire, pour tous, œuvre d'équité et d'égale justice, *il faut organiser la retraite pour la vieillesse de tous les travailleurs sans acception de sexe ni de condition.*

Comment la Retraite doit être constituée.

Il faut la constituer de façon quelle se prépare sans entraver la liberté, ni l'initiative personnelle du travailleur, mais en le suivant en quelque lieu qu'il aille et dans quelque situation qu'il se trouve ou puisse avoir successivement passé, pour l'atteindre le jour où son âge le rendra impropre à gagner son pain et pour lui apporter, en récompense de sa vie de labeur, l'indépendance des vieux jours.

La patrie. Son rôle.

« La Patrie doit représenter autre chose qu'une marâtre exigeante, réclamant toujours de l'or et du sang et ne rendant rien » ; il faut, selon la belle expression de M. Hubbard, « faire de la Nation une unité solidaire » qui, leur tâche accomplie, s'acquitte envers tous les citoyens qui ont contribué à la faire grande et prospère, des services qu'ils lui ont rendus.

Est-ce à dire qu'il faille mettre à la charge de l'État l'obligation d'assurer la retraite à tous les travailleurs ? Telle n'est pas notre pensée et nous dirons ci-après pourquoi. Ce que nous voulons seulement affirmer de toutes nos forces parce que c'est la conclusion logique des observations, qui précèdent, c'est *qu'il est nécessaire d'aviser à ce que la retraite ne fasse pas plus longtemps défaut à aucune catégorie de travailleurs.*

NOMBRE DES PENSIONS A SERVIR

L'objectif à atteindre ainsi défini, la seconde question qui se pose est celle-ci :

Combien la réalisation de cet objectif, comporterait-elle de retraites à servir[1] *?*

La répartition de la population française par âges et conditions donnée par le *Dénombrement officiel de 1891*[2] nous fournira les renseignements que nous cherchons.

Afin de supprimer une fastidieuse énonciation de chiffres et de rendre plus saisissables à l'œil les données qui nous intéressent, touchant la population, nous avons dressé le tableau ci-joint dans lequel chaque centimètre carré de surface représente cent mille habitants.

Tableau graphique. Explication.

(1) Les auteurs de beaucoup de projets de Retraite pour la vieillesse n'ont pas jugé à propos de s'embarrasser de cette recherche et, consciemment ou non, se sont bercés d'illusions que le contact avec la réalité eut fait évanouir, tel M. Hubbard qui parle de deux à trois cent mille vieillards nécessiteux.

D'autres ont compris de quelle importance la connaissance du nombre de pensions à servir est pour la détermination des procédés d'organisation à adopter, mais n'ont pas tiré des données recueillies leurs justes conséquences. M. Escuyer est du nombre ; un examen trop superficiel des chiffres l'a amené à des conclusions erronées comme on le verra plus loin.

Nous nous sommes appliqués à nous garer de ces négligences et croyons pouvoir affirmer que nos indications sont d'une exactitude indiscutable.

(2) Publication du Ministère du Commerce (Office du Travail).

Ce tableau est divisé en *trois zônes* concentriques, savoir :

1° *La zône extérieure* représentant la population âgée de *0 à 20 ans*, 12,680,600 habitants ;

2° *La zône intermédiaire* représentant la population âgée de *20 à 60 ans*, 19,540,320 habitants ;

3° *La zône centrale* représentant la population des *vieillards ayant 60 ans accomplis et plus*, 4,608,213 habitants.

Chacune de ces zônes est partagée en secteurs de différentes couleurs correspondant aux diverses conditions, *patrons, employés ou commis, ouvriers, domestiques* et *familles des dits,* selon la classification adoptée par la statistique officielle [1].

Nombre des vieillards de plus de 60 ans 4.608.213.

En regardant ce tableau, la première chose qui frappe est *l'importance* de superficie du cercle central, c'est-à-dire *du nombre des vieillards ayant 60 ans accomplis* que nous considérons comme en âge d'être retraités [2].

Il y en a 4,608,213.

Impossibilité de retraiter tous les vieillards

Si donc, comme d'aucuns le rêvent, tous les vieillards devaient être retraités aux frais de l'État, sans contribution préalable de leur part, cette retraite ne fût-elle que de 1 fr. par jour, ce serait une charge budgétaire de 1 milliard 535 millions qui s'ajouterait à celles déjà si lourdes qui pèsent sur les contribuables.

L'impossibilité matérielle saute aux yeux de pouvoir réaliser dans cet ordre d'idées quelque chose de pratique.

---

(1) Relativement à la Retraite pour la vieillesse il n'y a lieu de s'occuper que des deux dernières zones, celle où les hommes sont en âge de gagner leur vie et celle où ils ont besoin de retraite ; la première zone, celle des enfants, ne peut entrer en ligne de compte ni au point de vue des retraites à prétendre ni à celui des ressources à fournir pour les alimenter ou des titres à acquérir pour y avoir droit.

(2) Nous avons pris l'âge de 60 ans comme origine de la Retraite parce que c'est le plus généralement adopté dans l'organisation des retraites existantes et qu'il correspond assez exactement à celui où, d'ordinaire, les forces sont épuisées chez ceux qni ont mené une existence laborieuse. Si on voulait modifier et prendre pour origine 55 ans, les charges seraient considérablement accrues car la population ayant dépassé cet âge est de 6 406.151.

Si l'on ne partait que de 65 ans, les charges seraient moindres, la population de cet âge n'étant que de 2.097.263, mais le but poursuivi risquerait d'être, en partie, manqué.

Heureusement, non seulement il n'est pas nécessaire de mettre le service des retraites pour la vieillesse à la charge de l'État (nous le démontrerons ci-après), mais encore *il n'est pas nécessaire que le service de la retraite existe pour tous les vieillards*, il suffit de l'organiser pour tous les anciens travailleurs.

Inutilité que tous les vieillards soient retraités.

Son but étant de parer aux conséquences pécuniaires de la vieillesse, *la retraite serait sans objet pour la portion de la population aux ressources de laquelle la vieillesse n'apporte aucune modification.*

Or l'examen de notre tableau montre que, à côté des *secteurs différemment teintés* représentant la *population active* (patrons, employés, commis ou ouvriers), à laquelle nous avons ajouté les *domestiques*, c'est-à-dire des secteurs représentant toute la population dont le travail est plus ou moins rémunéré, il y a de *larges secteurs demeurés blancs qui figurent la portion de la population qui ne gagne rien par elle-même* et qui vit aux dépens de la première, portion que la statistique désigne *famille des dits*.

Les oisifs. (Famille des dits)

Il est évident que cette portion de la population n'a pas besoin que la retraite supplée à son gain qui n'a jamais existé.

Le nombre des *oisifs* (qualifiés par la statistique, *famille des dits)* est de 7,569,596 dans la deuxième zône sur une population de 19,504,322 adultes, soit 38,7 0/0 ; il est dans la troisième zône de 1,882,638 sur une population de 4.608.213 vieillards, soit 40,8 0/0.

Leur nombre.

Donc, selon qu'on table sur la proportion des oisifs dans la deuxième ou la troisième zône, le nombre des vieillards qui n'ont pas besoin de retraite parce qu'ils ont toujours fait partie de la population oisive (ou à parler plus exactement de la population qui n'a rien gagné), peut varier entre 38,7 et 40,8 0/0 du nombre total des vieillards, c'est-à-dire entre 1,783,378 et 1,882,638.

Maximum du nombre de retraites utiles.

Si l'on déduit le plus petit de ces nombres du total des vieillards âgés de plus de 60 ans, la conclusion qui s'impose est que *le maximum du nombre de retraites utiles à organiser ne saurait excéder 2.825.000.*

Quoique notablement inférieur au nombre total des vieillards 4.608.213 le chiffre de 2.825.000 est encore fort élevé et nous aurons à examiner si ce maximum n'est pas susceptible de réduction.

Avant d'aborder cet examen deux observations sont à faire :

Nécessité d'un livret individuel pour chaque travailleur.

La première est que, *pour reconnaître parmi les 4.608.213 vieillards âgés de plus de 60 ans les 2.825.000 anciens travailleurs qui éventuellement* (et toute réserve faite quant à présent sur les moyens d'exécution) *peuvent avoir droit à la retraite, il faut qu'un signe particulier, certain, incontestable, à l'abri de tout arbitraire constate que ce sont bien d'anciens travailleurs* et nous n'en voyons pas de plus efficace, ni de moins sujet à erreur que le **LIVRET INDIVIDUEL** *où seraient inscrits au fur et à mesure*, comme pour les participants à la Caisse Nationale des Retraites, *les prélèvements faits sur leur gain au cours de leur vie laborieuse, prélèvements* dont nous discuterons plus loin la quotité, qui peuvent être très minimes au début, mais que nous croyons *indispensables pour constater le fait du travail rémunéré qui créera plus tard le droit à la retraite.*

Reversibilité d'une portion de la Retraite sur la tête des veuves.

La seconde observation que nous avons à faire est que, si les personnes qui, toute leur vie, ont été classées dans la portion passive de la population désignée *famille des dits* n'ont par elles-mêmes aucun droit à la retraite, il y a parmi elles *les veuves des travailleurs actifs qui pourraient se trouver sans ressources le jour du décès de leur mari, s'il n'y avait pas reversibilité sur leur tête d'une portion de sa retraite lorsqu'il vient à disparaître.*

Il doit donc y avoir, dans l'organisation à créer, une disposition qui vise ce cas très digne d'intérêt comme il l'est d'ailleurs dans la loi des retraites des fonctionnaires.

Ceci dit, revenons au point que nous étions en train d'étudier, le nombre des pensions à servir et voyons s'il est susceptible d'autres réductions que celle indiquée plus haut.

En principe, évidemment non, puisque toutes les catégories de la population active ainsi que les domestiques tirent du travail tout ou partie de leurs ressources et par conséquent éprouvent, lorsque l'âge les condamne au repos, le préjudice pécuniaire auquel la retraite pour la vieillesse est destinée à parer.

Toutefois il est incontestable que *ce préjudice est loin d'être égal pour tous et qu'en conséquence il y a des degrés dans le besoin de retraite*, beaucoup plus impérieux pour les uns que pour les autres.

Dès lors, il n'est pas étonnant que, comme ils le disent, d'aucuns aient songé à *aller au plus pressé*, c'est-à-dire à faire des catégories parmi les vieillards et à n'assurer la retraite qu'à celles qu'ils jugeaient en avoir davantage besoin.

Chacun faisant ce classement à sa façon, selon son tempérament, les uns ont proposé de *n'organiser la retraite que pour les salariés*, les autres voudraient au contraire *qu'on l'accordât, sans tenir compte de la condition, mais seulement aux vieillards nécessiteux.*

Nous allons examiner ce que valent ces distinctions et quelles en seraient les conséquences pratiques.

Voyons d'abord *quel serait le nombre des pensions à servir, si l'on voulait retraiter tous les les salariés et ne retraiter qu'eux.*

Les nombres des salariés dans les deuxième et troisième zônes du tableau sont respectivement :

CONDITIONS	de 20 à 60 ans	de plus de 60 ans
Ouvriers.	4.641.114	771.887
Commis ou employés. .	662.641	55.834
Domestiques	919.753	143.324
Totaux.	6.223.508	971.045

A priori il pourrait paraître, d'après les chiffres ci-dessus, que le nombre des pensions à servir pour assurer la retraite à tous les salariés ne devrait être que de 971.045.

Cette conclusion serait erronée.

La *statistique, en effet, classe les individus*, non d'après la situation qu'ils ont eue précédemment, mais *d'après la condition qu'ils ont au moment du dénombrement*. Il en résulte que le chiffre de 971,045, qu'elle accuse, n'indique que le nombre des vieillards appartenant encore aux conditions salariées passé soixante ans, c'est-à-dire ceux qui continuent à travailler au-delà de cet âge, mais *ne comprend pas les anciens salariés, survivant après 60 ans qui, n'exerçant plus, sont catalogués patrons ou famille des dits.*

Or, ces anciens salariés, devenus incapables de gagner leur vie, sont entre tous les plus besogneux de retraite[1] et bien que leur incapacité de travail les ait fait classer *patrons* ou *famille des dits*, les pensions à leur servir s'ajoutent à celles des 972.045 vieillards âgés de plus de 60 ans inscrits dans les conditions d'ouvriers, d'employés ou commis et de domestiques.

Comment connaître le nombre de ces impotents que le commentateur officiel du dénombrement de 1891 évalue à plus de 300.000 rien que pour la condition d'ouvrier, ou mieux comment déterminer le nombre des anciens salariés survivant après 60 ans ?

L'indication directe n'en est pas donnée par la statisti-

---

[1] A la rigueur on pourrait, en théorie, prétendre que les 971.045 vieillards qui travaillent encore après 60 ans peuvent se passer de retraite puisqu'ils continuent de gagner leur vie. Mais les raisons qui nous feront écarter plus loin toute distinction entre les anciens salariés qui serait basée sur leur plus ou moins de ressources en dehors de la retraite, obligent à n'en pas faire non plus entre ceux qui travaillent encore et ceux qui ne travaillent plus passé 60 ans.

Il serait choquant de servir une retraite à l'homme qui cesse de travailler après 60 ans parce qu'il est dans l'aisance et de la refuser à celui qui continuera à travailler après cet âge parce que sa retraite seule ne suffirait pas à ses besoins.

La retraite est la récompense du travail effectué de 20 à 60 ans et la contrepartie des charges supportées pendant cette période de la vie pour y avoir droit (nous verrons ci-après la nécessité de la contribution des travailleurs). Elle doit être acquise à quiconque a satisfait aux obligations qu'elle comporte et le fait de continuer à les remplir au-delà du terme prévu ne saurait motiver sa suppression.

que, mais celle-ci fournit tous les éléments du calcul suivant qui y supplée :

Sur une population totale de 19.540.322 individus, il y a dans la 2e zône 662.641 employés ou commis soit 3,3 0/0, 4.641.114 ouvriers soit 23,7 0/0, 919,753 domestiques soit 4.7 0/0.

Toutes choses égales d'ailleurs, il doit y avoir dans la troisième zône les mêmes proportions de survivants de chaque catégorie c'est-à-dire que, sur une population de 4.608.213 vieillards, les anciens employés ou commis survivants représentant 3,3 0/0 seront au nombre de 140.000

Les anciens ouvriers survivants représentant 23,7 0/0 seront au nombre de. 1.100.000

Les anciens domestiques survivants représentant 4,7 0/0 seront au nombre de 215.000

Ensemble 1.455.000

Donc *rien que pour organiser la retraite au profit des seuls salariés il y aurait 1.445.000 pensions à servir* [1] *si l'on excluait du bénéfice de l'organisation de la retraite toute la portion de la population active* figurée par le secteur teinté de rose celle *que la statistique qualifie de patrons.*

Cette exclusion est-elle juste ? — Nous allons en juger :

Beaucoup de personnes attachent au vocable *patron* la signification d'homme opulent, enrichi du travail des autres et naturellement considèrent qu'il serait abusif d'ajouter aux privilèges dont jouissent ces gens-là, les avantages de la retraite

Mais la définition officielle diffère beaucoup du sens vulgaire.

Sous la dénomination de patrons la statistique comprend non seulement tous les ménagers agricoles mais encore tous les petits commerçants jusqu'au plus humble camelot et tous les artisans travaillant en chambre à leur compte, en un mot tous les travailleurs non salariés aussi intéressants et souvent plus

---

[1] Et non pas seulement 957.000 comme le dit M Escuyer.

besogneux que les salariés, car le gain des petites gens qui vendent le produit de leur travail au lieu de louer leurs services est souvent aussi infime et généralement plus précaire que le gain de ceux qui ont une paie hebdomadaire assurée.

Nombre des patrons supérieur à celui des ouvriers.

Pour se convaincre que ces humbles, si dignes de sollicitude, sont bien compris par la statistique dans la catégorie des patrons, il suffit de jeter les yeux sur notre tableau et de constater que la surface des secteurs roses est plus grande que celle des secteurs bleus ce qui signifie que *le nombre des patrons est supérieur à celui des ouvriers.*

Les chiffres donnés par la statistique sont, en effet, 7.671.398 patrons contre 7.104.949 ouvriers de tous âges.

Il est de toute évidence que le nombre des patrons ne peut être aussi considérable sans comprendre pour la grande majorité des gens aussi peu fortunés que les salariés et par conséquent ayant le même besoin de retraite.

L'exclusion en bloc des patrons serait injuste et priverait de la Retraite 1.355.000 anciens travailleurs.

Dès lors, *organiser la retraite au profit de tous les salariés, dont un certain nombre sont dans l'aisance et la refuser en bloc à tous les patrons, alors qu'il y a des travailleurs aussi dénués de ressources dans cette catégorie que dans l'autre, serait faire une œuvre absolument injuste.*

Cette injustice priverait de la retraite près de la moitié des anciens travailleurs.

En effet, la statistique nous apprend, que, dans la deuxième zône, sur une population de 19,540,322 individus âgés de 20 à 60 ans, il y a 5,747,218 patrons, soit 29,4 0/0.

Comme, toutes choses égales d'ailleurs, nous l'avons vu déjà pour les salariés, la proportion doit rester la même dans la troisième zône, sur une population de 4,608,213 vieillards âgés de plus de 60 ans, *il subsiste 29,4 0/0, soit environ 1,355,000 anciens patrons* qui, après avoir consacré quarante ans de leur vie au travail, *se trouveraient exclus de la retraite dont 1,455,000 anciens salariés seraient seuls pourvus*[1].

---

(1) La statistique compte 1.754.522 patrons âgés de plus de 60 ans. Dans ce chiffre sont compris les 1.355.000 anciens patrons dont nous parlons ci-dessus et le surplus représente les anciens salariés impotents passés dans la catégorie des patrons comme nous l'avons expliqué précédemment.

L'organisation de la retraite au profit des salariés et à l'exclusion des patrons aurait un autre inconvénient, c'est de faire naître des difficultés d'application inextricables ; car ces distinctions de *patrons* et *salariés* n'ont rien d'immuable et *beaucoup de gens, au cours de leur vie passent, souvent même plusieurs fois, d'une catégorie dans l'autre* [1].

La conclusion à tirer est que *les éliminations qui seraient basées sur la distinction de condition des travailleurs ne sont pas acceptables.*

Reste à examiner si l'on peut en faire d'après la diversité des situations pécuniaires.

Incontestablement parmi les patrons et même parmi les salariés, il y a des gens riches qui jouissent de revenus suffisants pour vivre à l'aise, voire même avec luxe, qui font d'assez gros bénéfices ou touchent des traitements assez élevés pour avoir pu faire des économies avant l'âge de la retraite et pour qui, par conséquent, elle n'a pas le caractère d'impérieuse nécessité qu'elle présente pour ceux qui n'ont pas d'autre ressource.

Néanmoins jusqu'ici, dans les organisations existantes, on ne s'est pas avisé de tenir compte de cette considération pour accorder la retraite à ceux-ci et la refuser à ceux-là.

Sans doute l'une des raisons qui ont empêché d'établir, entre les uns et les autres, des différences à cet égard, est que les retraites qui existent actuellement sont généralement subordonnées à des versements ou retenues préalables et qu'il n'a paru possible de refuser le profit de la retraite à aucun de ceux qui en avaient supporté les charges.

---

(1) Cette faute de ne songer qu'aux salariés quand on s'occupe de la question de retraites semble grossière lorsqu'elle est ainsi mise en évidence, elle est cependant fréquente et vicie beaucoup de projets en apparence bien étudiés. Ce reproche est l'un des plus graves qu'on puisse adresser au projet déposé au nom du gouvernement par M. Maruéjouls lorsqu'il était ministre du commerce. La même faute est à signaler dans l'étude de M. Escuyer, étude qui a eu un retentissement justifié par certaines considérations qu'elle contient sur les inconvénients de la capitalisation mais où sous des apparences de précision se sont glissées des erreurs de chiffres qui ont amené son auteur à des conclusions financières tout à fait inexactes contre lesquelles il est nécessaire d'être mis en garde car c'est leur inexactitude même qui les rend séduisantes en laissant croire que pour des sacrifices aussi faibles que ceux qu'il indique on pourrait obtenir tous les beaux résultats qu'il promet.

Mais on conçoit que, aux partisans de l'organisation de la retraite sans contribution préalable, l'idée soit venue de n'accorder de pension qu'aux vieillards qui, par leur manque d'autres moyens d'existence, en ont absolument besoin.

Proposition Hubbard. Assurer le minimum de besoins aux seuls nécessiteux.

M. Hubbard a développé cette thèse avec beaucoup d'éloquence.

Il voudrait qu'on dressât le rôle des vieillards qui n'ont rien ou pas assez pour vivre et qu'une retraite calculée uniquement d'après l'insuffisance des ressources, sans tenir compte du passé, sans imposer aucune obligation préalable, fournît ou parfît à chaque vieillard ce qui lui est nécessaire pour satisfaire un minimum de besoins.

Critique de la proposition Hubbard.

Si louable que soit l'intention qui a dicté cette proposition, nous ne saurions l'admettre.

En voici la raison :

Lorsque, de la conception théorique, où le généreux enthousiasme de son auteur s'est complu à demeurer, on passe à l'examen des résultats pratiques qu'elle pourrait donner, force est de constater que, au lieu de simplifier le problème, l'adoption d'une telle proposition le compliquerait beaucoup.

Elle ne diminue pas elle augmente le nombre des retraites à servir.

En effet, du moment où l'on ferait reposer le droit à la retraite uniquement sur le manque ou l'insuffisance de ressources, sans justification de travail antérieur, on ferait tomber les motifs qui nous ont permis de réduire de 4.608.213 à 2.825.000 le nombre maximum de retraites utiles et d'écarter la portion oisive de la population qui, ayant vécu jusqu'à 60 ans des revenus ou du travail d'autrui, n'a pas besoin qu'on lui crée des ressources propres quand elle a passé cet âge.

Cette augmentation de 1.783.000 pensions à servir qu'entraînerait le projet Hubbard serait loin d'être compensée par la défalcation des vieillards ayant de quoi vivre ; en sorte que, loin de diminuer, le nombre des retraites auxquelles il faudrait faire face se trouverait accru.

A quelles difficultés, à quels abus d'ailleurs ne donnerait pas lieu l'établissement du rôle proposé et l'estimation des ressources de chacun qui devraient servir de base pour la quotité de la retraite ?

Quelles commissions seraient assez impartiales, assez bien informées, assez perspicaces pour échapper aux écueils du favoritisme, des inégalités d'appréciation, des dissimulations, des fraudes inévitables qu'un tel système engendrerait.

A supposer que de tels obstacles puissent être surmontés, où trouver les ressources pour alimenter la retraite dans ces conditions ?

Celles indiquées par M. Hubbard sont bien problématiques et bien précaires.

Si, pour organiser la retraite — et une retraite aussi peu satisfaisante pour la masse des travailleurs qu'un simple secours alimentaire aux vieillards indigents, — il fallait attendre que le Parlement eût affecté à ce service le budget des Cultes, les arrérages des biens des congrégations et le gros supplément d'un impôt global progressif sur le revenu, dont il serait impossible d'indiquer l'importance à l'avance, puisqu'on ne sait pas à quelles exigences il devrait satisfaire, pendant longtemps encore sans doute ce beau projet risquerait de demeurer un rêve chimérique.

Certes, c'est un devoir social que nul ne songe à contester, de ne laisser mourir de faim aucun être humain incapable de se suffire.

Ce devoir existe, non seulement envers les vieillards, mais envers quiconque, jeune ou vieux, quoi qu'il ait fait, est actuellement impropre au travail.

Encore convient-il d'observer qu'il *y a là matière d'Assistance et non de Retraite, et que ce n'est ni résoudre, ni faire avancer les questions, que de mêler des sujets aussi différents.*

D'ailleurs, même en se plaçant au point de vue de l'Assistance, dont le principe est depuis longtemps inscrit dans nos lois et à laquelle un chapitre est consacré dans tous les budgets communaux et départementaux, sans parler de celui

Diminuer le nombre des gens à assister.

de l'État, n'est-il pas de toute évidence que, *pour arriver à des résultats effectifs et faire que les possibilités suffisent aux besoins, la méthode la meilleure et la plus sûre est de commencer par diminuer autant que possible le nombre de ceux qui peuvent avoir à recourir à l'Assistance.*

Le meilleur procédé. Organisation de la retraite pour la généralité des travailleurs.

Or n'est-ce pas, au premier chef, travailler à diminuer le nombre des vieillards à assister que d'*organiser pour la généralité des travailleurs, pour tous ceux qui ont vécu dans des conditions normales, une institution de prévoyance telle que par une sorte de fonctionnement automatique, inconscient, indépendant des volontés individuelles et des accidents divers de la vie nécessairement, fatalement, la retraite arrive à chacun des membres actifs de la Société à l'âge où les forces sont ordinairement épuisées.*

Le plus urgent. Retraite ou Assistance.

Si donc, on nous posait cette question : Quel est le plus urgent à développer, la *Retraite* ou l'*Assistance ?*

Sans hésiter nous répondrions : la retraite des travailleurs, parce que, le jour où elle sera sérieusement constituée, les difficultés du problème de l'Assistance seront tellement amoindries qu'il sera bien près d'être résolu.

Avantages de la Retraite à tous les travailleurs sans distinction.

Donner à la vie laborieuse cette récompense d'une vieillesse à l'abri du besoin, sans exclure des bienfaits de la retraite aucun des travailleurs qui ont été assez prudents ou assez heureux pour mettre quelque chose de côté, c'est inciter au travail et encourager l'économie, c'est-à-dire accroître les ressources en développant les deux facteurs essentiels de la richesse, c'est augmenter la moralité et le bien-être et diminuer tellement le nombre des nécessiteux qu'il deviendra aisé de les secourir et que rien qu'avec les budgets actuels de l'Assistance, leur sort pourra être déjà beaucoup adouci.

Exclusion d'après la situation pécuniaire inefficace et immorale.

Au contraire, *diminuer la retraite aux travailleurs au fur et à mesure qu'ils disposent d'autres ressources et la leur supprimer quand leur revenu atteint un certain chiffre serait faire œuvre décourageante pour les gens laborieux et économes, c'est-à-dire immorale et nuisible à la prospérité publique.*

Elle constituait comme on l'a dit, *une prime à la paresse et à l'imprévoyance*, les deux gaspillages de l'activité humaine qui causent le plus de misère. En effet, à supposer deux ouvriers également rémunérés, l'un ayant toujours fait le lundi et dépensé tout son gain au jour le jour, l'autre n'ayant jamais perdu une heure de travail et s'étant privé toute la vie pour amasser un pécule, l'exclusion des non indigents aurait pour effet d'accorder la retraite au premier et de la refuser au second.

M. Escuyer a essayé de rendre cette anomalie moins choquante en la présentant sous un aspect différent. *Proposition Escuyer.*

Son projet, il le déclare lui-même, ne vise pas à l'organisation générale de la retraite des travailleurs, mais seulement à la création de l'Assurance contre le complet dénuement.

Moyennant l'obligation de verser chaque mois une somme qu'il fixe à 1 franc par mois pour les salariés et à 2 fr. 50 pour les petits patrons agricoles, à une caisse de prévoyance alimentée en outre par des contributions patronales et par une subvention de l'État, qui fera l'appoint nécessaire pour assurer le fonctionnement des services, *M. Escuyer promet à ses participants :*

1° A partir de l'âge de 60 ans, une rente viagère de 500 francs s'ils sont mariés, de 400 francs s'ils sont célibataires ;

2° A un âge quelconque, une allocation de 1 franc 50 par jour de maladie, ainsi que la gratuité des soins médicaux et des médicaments ;

3° En cas d'incapacité de travail prématurée, temporaire ou permanente, l'anticipation du service de la rente viagère ;

4° La reversibilité au profit de la veuve indigente, de moitié de la rente viagère du mari.

Toutefois l'article 11 du projet stipule que *n'auront pas droit aux avantages qui précèdent, les participants qui à 60 ans, jouiront de cinq cents francs ou plus de revenu,* et que ceux ayant un revenu moindre, n'auront droit qu'à la *Clause d'exclusion.*

fraction complémentaire de rente viagère nécessaire pour porter à 500 francs le total de leur revenus.

Le propre de l'assurance étant de n'être profitable qu'aux assurés qui se trouvent remplir les conditions stipulées pour en bénéficier, M. Escuyer estime sans doute que l'insertion de cette clause dans le contrat qu'il propose peut passer pour une justification de l'exclusion que nous critiquons.

Critique de la clause d'exclusion.

Peut-être lui donne-t-elle une apparence juridique, en tous cas, elle ne lui enlève pas les défectuosités morales et pratiques que nous avons signalées.

Jamais on ne fera entrer dans l'esprit des masses laborieuses que, après avoir subi des retenues toute leur vie en vue d'obtenir une pension pour leurs vieux jours, elles puissent y perdre tous droits parce qu'elles auraient commis l'imprudence d'épargner.

La Retraite doit être une assurance mutuelle.

Le gros bon sens populaire juge en l'espèce plus sainement que l'érudit qui, partant de cette conception vraie que *la retraite doit être une assurance mutuelle contre la vieillesse,* a fait de cette idée éminemment juste une application partielle défectueuse en ne songeant qu'au risque de complet dénuement.

Les éliminations de la retraite basées sur la situation pécuniaire sont inadmissibles

De même que l'assurance contre l'incendie garantit *la réparation proportionnelle des pertes éprouvées,* aussi bien en cas de détorioration partielle que de destruction totale des objets assurés, de même *la retraite pour la vieillesse doit parer aux conséquences de la cessation du travail occasionnée par l'âge lorsqu'il en résulte une suppression, soit partielle, soit totale, des ressources et sans établir de distinction entre les travailleurs d'après leur situation pécuniaire* [1].

Lorsqu'ils ont rempli les mêmes obligations tous ont les mêmes droits à la retraite.

Nombre de retraites nécessaires 2.825.000

Puisque nous avons établi ci-dessus que le nombre des anciens travailleurs ayant passé l'âge de 60 ans est de 2.825.000 et que nous avons reconnu qu'aucune élimination

---

[1] C'est d'ailleurs ainsi que toutes les retraites existantes sont établies, il est bon de le rappeler.

basée, soit sur la fortune, soit sur la condition, n'est admissible, nous sommes forcés de conclure que, pour faire œuvre logique, véritablement équitable et réellement efficace, c'est au chiffre d'environ 2.825.000 pensions qu'il est nécessaire de faire face.

M. Escuyer s'est fait l'illusion de croire que ce chiffre pouvait, sans inconvénient, être réduit de plus de moitié et qu'on satisferait à tous les besoins en assurant la retraite à 957.000 salariés et à 286.000 petits patrons agricoles, au total 1.243.000 retraités dans sa combinaison la plus large pour une population de 4.608.213 vieillards, c'est-à dire à peu près un retraité sur quatre. *Illusion à dissiper.*

Pour se convaincre de son erreur, il suffit de se reporter à ce qui a été dit plus haut. *Erreur de calcul de M. Escuyer.*

On verra qu'il y a 1.455.000 anciens salariés âgés de plus de 60 ans alors que M. Escuyer n'en compte que 957.000, *soit une omission inconsciente de près de 500.000 ayants-droit à la retraite anciens salariés.*

On verra, en outre, qu'il y a 1.355.000 anciens patrons. Or, M. Escuyer n'accorde de pensions dans cette catégorie qu'à 286.000 petits patrons agricoles. Par conséquent, *en outre des 500.000 anciens salariés omis inconsciemment M. Escuyer exclut volontairement de la retraite 1.069.000 anciens travailleurs* qui, pour être classés patrons par la statistique n'en ont pas moins, nous l'avons vu plus haut, un besoin et un droit à la retraite égaux à ceux des salariés.

Si l'on ajoute ces 1.569.000 pensions indûment supprimées aux 1.243.000 pensions admises par M. Escuyer on arrive à un total de 2.812.000 sensiblement égal à celui que nous indiquons.

Affectant toutes les ressources qu'il imagine à un chiffre de retraite à servir inférieur de plus de moitié à la réalité M Escuyer arrive naturellement à la prévision de résultats merveilleux par rapport aux sacrifices qu'il demande. Malheureusement basées sur de telles inexactitudes les espérances qu'il fait naître ont le tort d'être absolument irréalisables. *Espérance chimérique du projet Escuyer.*

Ses côtés intéressants. Idées à retenir.

Nous ne nous attarderons pas à réfuter quelques autres erreurs de prévision que contient ce projet, nous en avons dit assez pour montrer que ses conclusions financières n'ont aucune valeur. Par contre, nous nous plaisons à reconnaître qu'il contient des considérations tout à fait remarquables sur *les avantages de la non capitalisation pour l'organisation de la retraite de la vieillesse* et émet aussi des idées justes sur *la nécessité de demander les ressources au triple concours : 1° des intéressés, 2° des employeurs, 3° de la richesse acquise,* ainsi que sur l'*utilité de livrets individuels constatant les versements faits par ou au profit de chaque intéressé et établissant son titre à être retraité.* A cet égard le projet Escuyer est fort intéressant à consulter.

Idées à écarter.

Par contre, pour les motifs que nous avons dit ailleurs, *nous ne pourons nous rallier à l'idée qu'il a de confondre dans une même loi les questions de retraite, de secours en cas de maladie et d'assurance contre l'infirmité prématurée et nous ne croyons pas non plus qu'il y ait lieu d'admettre l'uniformité qu'il propose d'établir, pour tous les travailleurs, dans leur contribution mensuelle et dans la quotité de retraite à laquelle cette contribution leur donnera droit ultérieurement.*

Nous dirons pourquoi en examinant les deux dernières parties du programme que nous nous sommes tracé.

QUE DOIT ÊTRE
LA RETRAITE POUR LA VIEILLESSE
des Anciens Travailleurs ?

Ce qui est acquis.

Nous avons démontré que *la retraite doit être organisée pour tous les anciens travailleurs sans acception de condition ni de situation pécuniaire ; que cette organisation comporte le service de 2.825.000 pensions environ et qu'il est nécessaire d'astreindre les travailleurs à une contribution obligatoire pour établir leur titre à être pensionnés* et les distinguer des anciens oisifs auxquels la retraite n'est pas due.

Nous allons examiner maintenant ce que doit être cette retraite des anciens travailleurs.

Il y a deux manières absolument différentes de la concevoir.

Les uns considèrent la retraite comme destinée, autant qu'institution humaine le peut faire, *d'une part à satisfaire le besoin positif et pratique qui résulte, pour tout vieillard, de ses conditions antérieures d'existence, des habitudes qu'il a contractées, du milieu où il vit ; d'autre part à récompenser les services rendus à la Société et à constituer à chaque citoyen, après sa tâche accomplie, une situation corrélative à l'effort qu'il a donné.*

Les autres ne veulent faire de la Retraite pour la vieillesse que la *consécration du droit de vivre* « qui ne doit point comporter, disent-ils, de solutions très variables pour chacun des impétrants ». Aussi entendent-ils la limiter à une pension alimentaire sociale répondant au minimum des besoins de l'homme, pension qu'ils déclarent suffisante « pour enlever les vieillards à la misère et à la tentation et pour les mettre à l'abri de la corruption ».

Nous n'hésitons pas à déclarer que, entre ces deux conceptions, toutes nos préférences sont pour la première. Nous ne contestons pas cependant que, par comparaison à l'état de choses actuel, qui est le manque absolu de retraite pour la généralité des travailleurs, la réalisation de la seconde puisse être considérée comme un progrès relatif.

Nous pourrions donc accepter cette solution comme un minimum *s'il était démontré qu'elle présente de plus grandes facilités d'exécution et surtout si le moins de bien-être qu'elle procurerait aux uns devait être compensé par plus d'adoucissement dans le sort des malheureux.*

Mais il n'en est rien, au contraire.

Nous verrons bientôt que l'organisation la plus large est en même temps celle qui offre le plus de chance d'aboutir et dont la réalisation sera la plus aisée.

Dans ces circonstances, il nous paraît inadmissible de renoncer aux bienfaits de l'institution de beaucoup la plus profitable à tous et de lui préférer, par amour d'une formule qu'on prétend « plus conforme à l'esprit simpliste et aux sentiments égalitaires de notre race », la création d'un secours uniforme pour tous, mais si parcimonieux qu'il serait loin de répondre aux aspirations, aux espérances qu'évoque le mot magique de retraite pour la masse des laborieux, de faire disparaître la choquante inégalité qui existe actuellement entre eux et les fonctionnaires, et de donner satisfaction aux idées de justice, aux sentiments d'humanité que résume cette double maxime : « *A chacun selon ses œuvres ; à chacun selon ses besoins.* »

Le véritable devoir social.

Certes M. Camille Pelletan a raison de dire : « Le spectacle révoltant de l'homme qui, ayant toujours apporté courageusement au pays sa part de travail, n'en tombe pas moins écrasé par la détresse dès que la nature a trahi ses forces, donne à la conscience humaine profondément blessée, l'impression, non seulement d'une odieuse iniquité de la destinée aveugle, mais aussi d'un manquement grave de la Société à l'un de ses premiers devoirs. »

Mais, ce devoir, serait-ce réellement l'accomplir que de borner l'institution de la retraite à empêcher l'honnête travailleur devenu vieux de mourir tout-à-fait de faim ?

— Evidemment non ! L'homme qui a rempli tous ses devoirs sociaux et donné au travail tout ce qu'il avait de force et d'énergie mérite mieux, pour ses vieux jours, qu'un morceau de pain sec plus ou moins chichement mesuré.

Le droit du travailleur à ne pas déchoir dans sa vieillesse de la situation qu'il s'est faite par son travail.

L'objet de sa légitime ambition, pendant tout le cours de sa vie de labeur, *ce à quoi il a droit, ce qu'une Société bien organisée doit lui assurer, c'est de ne pas déchoir dans sa vieillesse de la situation qu'il s'est créée par son activité tant que les forces ne lui ont pas fait défaut ;* c'est de conserver son indépendance, de n'être obligé ni à subir l'internement d'un hôpital, ni à s'exiler du milieu où il a vécu ; c'est de pouvoir demeurer près de sa famille sans lui devenir à charge, en conservant parmi les siens la place qui lui est due.

Celui qui pendant quarante ans a peiné sur l'ouvrage pour élever et nourrir sa famille, a conscience que, même dans sa vieillesse, il pourrait encore lui rendre service, ne fût-ce que faciliter par sa présence au logis, le travail aux adultes, en veillant sur les petits enfants pendant la période critique des ménages peu aisés, celle où il y a beaucoup de bouches improductives à nourir; mais il se révolte à la pensée d'en accroître le nombre, d'apporter la gêne au foyer de ses enfants. *(Services que peut encore rendre le vieillard.)*

Ce qu'il lui faut c'est de pouvoir contribuer à la dépense en raison de ce qu'il coûte selon la cherté de la vie, les habitudes du milieu où son travail antérieur l'a placé, c'est en un mot de n'avoir à solliciter l'assistance de personne pour terminer ses jours, auprès de ses enfants, de ses amis, dans les conditions d'existence qu'il s'est faites lui-même jusque là. *(Ce qui lui est nécessaire.)*

Pour obtenir ce résultat éminemment souhaitable et conforme au bon ordre, il n'est pas nécessaire que la retraite s'élève à la totalité du gain antérieur; car le vieillard n'a plus à faire face aux charges de famille qu'il a eu à supporter plus jeune, mais seulement à ses besoins personnels qui nécessitent une moindre dépense que ceux des adultes.

Mais, comme dans tous les milieux et pour toutes les conditions, les besoins du vieillard, résultant des habitudes prises qui sont pour lui comme une seconde nature, représentent sensiblement le même pourcentage des besoins antérieurs, *il faut que la retraite soit en rapport avec le gain de chacun.* *(Proportionnalité de la retraite au gain de chacun.)*

Si elle est pour tous les travailleurs, du quart, du tiers, de moitié si possible, de leur gain, elle aura beaucoup plus d'efficacité pour attteindre le but que nous nous proposons, que si elle était uniforme.

Nous ne nous étendrons pas davantage en ce moment sur la question de la *proportionnalité ou de l'uniformité de la retraite.*

Nous aurons occasion d'y revenir avec plus de détail dans le chapitre qui suit [1].

LE PROCÉDÉS DE RÉALISATION

Il nous reste à indiquer quels sont les procédés de réalisation que nous jugeons les plus pratiques pour atteindre le but auquel nous tendons.

Les voici :

Grandes lignes de notre projet. *Nous proposons de demander les ressources nécessaires à l'organisation de la retraite pour tous les anciens travailleurs au triple concours :*

Recettes. 1° *Des intéressés eux-mêmes* auxquels, de 20 à 60 ans, serait retenu, comme pour les fonctionnaires, un égal pourcentage (2 0/0 par exemple) *de leur salaire ou profit-salaire* [2];

2° *Des patrons ou employeurs* qui seraient personnellement astreints à un versement égal à celui des salariés qu'ils occupent et rémunèrent;

3° *De la richesse acquise* qui serait assujettie à un impôt de deux pour cent (2 0/0) sur *le* ou *les* revenus de tous les capitaux productifs (terres, maisons, valeurs, etc.), autres que les bénéfices industriels, agricoles et commerciaux, grevés par la disposition qui précède, et de un dixième pour cent (ou un pour mille) sur les capitaux improductifs (parcs, châteaux, galeries de tableaux, etc.), impôts dont le produit intégral serait annuellement versé par l'État à la caisse de retraite [3].

Dépenses. Service des pensions. Quant au service des pensions nous demandons que, au lieu d'être capitalisé, le montant des recettes, défalcation faite de cinq pour cent pour la constitution d'un fonds de

---

(1) voir ce qui a déjà été dit plus haut à ce sujet pages 12 et 13.

(2) Nous appelons *profit-salaire* la portion de gain résultant, pour quiconque travaille à son compte, de son effort personnel, c'est-à-dire son bénéfice net diminué de l'intérêt afférent au capital qu'il a engagé dans son entreprise.

(3) Nous donnons ci-après les motifs particuliers qui justifient chacun des concours demandés aux intéressés, aux employeurs et à la richesse acquise.

réserve, soit annuellement réparti entre les ayants-droit à la retraite, âgés de plus de 60 ans, au prorata de l'accumulation des retenues subies par chacun et des contributions patronales correspondantes, le tout capitalisé au taux de 4 1/2 0/0, comme si le versement en avait été fait à une Société de Secours mutuels.

Disposition transitoire. Effet immédiat.

Une disposition transitoire a pour objet de faire fonctionner le service dès l'année qui suivra l'adoption du projet et même d'en étendre le bénéfice aux vieillards âgés de plus de 60 ans, à l'époque de sa mise en vigueur, c'est-à-dire de lui donner une efficacité pratique immédiate.

Principe de la Méthode. Organisation rationnelle de la Solidarité.

Comme on le voit, *ce projet est le remplacement des errements égoïstes du « chacun pour soi » jusqu'ici suivis par la mise en pratique, l'organisation méthodique et rationnelle de la solidarité.*

Reprenant l'ordre naturel des choses qui veut que chaque génération subvienne aux besoins des vieillards qui lui ont préparé et facilité la vie, il fait découler la retraite de chacun non du placement à son profit exclusif de ses économies, mais des sacrifices qu'il a supportés et qui ont permis de servir des pensions à ses devanciers, puisque les sommes recueillies sont annuellement partagées, non pas entre ceux qui les auront procurées, mais entre ceux qui, par leur âge et leur travail antérieur, ont acquis des droits à la retraite.

Substitution à la capitalisation de la Répartition par réciprocité.

En sorte que, au lieu d'amasser sa propre retraite, chaque génération prélèvera sur son gain de quoi acquitter sa dette envers la génération qui l'a précédée et recevra plus tard la même réciprocité de service de la génération suivante.

En résumé, au *système de la capitalisation pour soi, nous proposons de substituer la méthode de répartition par réciprocité des uns envers les autres,* tout en respectant le principe de la responsabilité individuelle qui veut que chacun jouisse d'une retraite proportionnée aux sacrifices qu'il a supportés.

Simplicité de Fonctionnement.

Loin de présenter les difficultés d'application et la complexité de comptabilité que se plaisent à supposer les partisans de l'uniformité de la retraite, la méthode que nous recommandons sera, quoiqu'on puisse dire, d'un fonctionnement excessivement simple, car elle ne prête à aucun arbitraire et ne comporte rien d'autre que les calculs élémentaires que sont journellement habituées à faire et la Caisse nationale des retraites et toutes les Caisses d'épargne pour leurs 7 à 8 millions de déposants.

Elle sera la plus aisée à faire accepter parce que toutes les classes de la Société y trouveront leur compte.

La méthode de répartition par réciprocité n'étant praticable que par une organisation permanente, de durée perpétuelle, englobant obligatoirement dans son ensemble toute la masse des travailleurs du pays, nous ne pouvons confier le soin de la faire fonctionner aux Sociétés de Secours Mutuels, dont nous avons reconnu les mérites à d'autres égards mais l'inaptitude en matière de retraite.

Nous n'avons garde non plus de vouloir renouveler la faute commise pour les fonctionnaires et de demander à l'État de confondre ce service dans l'ensemble des recettes et des dépenses du budget.

Nous estimons qu'il doit être confié à un organisme distinct, ayant son existence propre, se suffisant à lui-même, mais fonctionnant sous le contrôle et la garantie de l'État qui se bornera à lui prêter le concours d'un intermédiaire pour la perception des recettes et le paiement des pensions.

Cet organisme n'est pas à créer de toutes pièces ; il existe déjà : c'est la Caisse Nationale des Retraites pour la vieillesse dont il suffit d'étendre les attributions en lui confiant la gestion du service à créer, en sus de celui des retraites facultatives qui continuera à fonctionner séparément d'après la loi du 20 juillet 1886 qui le régit.

Efficacité pour tous.

Organe de fonctionnement.

JUSTIFICATION DU PROJET

Avant de donner le dispositif du projet de loi dont nous venons de tracer les grandes lignes, nous terminerons l'exposé des motifs qui nous l'ont dicté par quelques explications justificatives de certaines des dispositions que nous avons cru devoir adopter.

Nous avons fait appel, pour la formation des ressources, au triple concours des intéressés eux-mêmes, des employeurs et de la richesse acquise. Il y a à cela des raisons de fait et de droit. *(Constitution des ressources.)*

En présence de la nécessité reconnue de servir 2.825.000 pensions environ, il n'y a aucune vraisemblance que la richesse acquise veuille et puisse prendre seule un tel service à sa charge. *(Constatations de fait.)*

Nous démontrons plus loin la légitimité de sa contribution à la retraite, mais il est évident qu'elle ne peut en faire tous les frais.

En effet la dépense ne fût-elle, en moyenne, que de trois cents francs par tête — ce qui, sans doute, paraîtrait insuffisant à beaucoup — cela ferait un chiffre d'environ 850 millions de francs par an, soit plus de 10 0/0 de tous les revenus de la propriété mobilière et immobilière de France qui ne dépassent guère huit milliards.

La retraite pour la vieillesse ne peut donc être uniquement une œuvre d'Assistance de ceux qui possèdent envers ceux qui ne possèdent pas.

Elle ne peut non plus être une obligation exclusivement imposée aux employeurs envers leur personnel. S'il est absolument juste de leur demander leur part (1), il suffit de se reporter à ce que nous avons dit plus haut dans la note relative aux *Caisses patronales* pour se convaincre qu'un grand nombre d'industries ne pourraient supporter le fardeau tout entier

____

(1) Voir ci-après ce qui justifie la contribution patronale.

et qu'une mesure qui les grèverait ainsi, outre qu'elle ne serait pas fondée en droit, nous le verrons ci-après, se retournerait sûrement contre les intérêts mêmes des salariés qu'elle prétendrait avantager.

Enfin nous avons vu au début que, s'il *est nécessaire que les travailleurs eux-mêmes participent à l'alimentation des retraites, la plupart d'entre eux ne peuvent le faire que dans des proportions très restreintes et n'ont pas le moyen de prélever assez sur leur gain pour les constituer par leur propre effort.*

La Retraite. Œuvre d'Assurance Mutuelle. Que conclure de l'impuissance de chacun de ces éléments de ressource lorsqu'il demeure isolé, sinon que *la Retraite ne peut être organisée que si le travail sous ses diverses formes collabore avec la richesse acquise à fournir les ressources nécessaires à son fonctionnement, c'est-à-dire si l'on en fait une grande* **œuvre de Solidarité et d'Assurance Mutuelle.**

Considérations de droit. Cette collaboration de la richesse acquise et du travail pour constituer la retraite des travailleurs est d'ailleurs absolument légitime.

Il est de principe, en effet, que le produit du travail ne doit pas seulement faire vivre le travailleur au moment où il crée la richesse par son activité mais encore assurer l'existence de ses vieux jours.

L'ouvrier l'employeur et la richesse acquise tous trois bénéficiaires de la production. Quiconque tire profit de cette création, sous une forme ou sous une autre, contracte donc envers le travailleur une dette qui l'oblige à participer à la retraite de sa vieillesse.

Or n'est-il pas de toute évidence que, *dans toute production marchande, il y a trois personnes qui profitent,* savoir :

1º *Celle qui crée l'objet, l'ouvrier,* soit qu'il le garde en sa possession, soit qu'il reçoive de suite un salaire en échange ;

2º *Celle qui le fait faire, l'employeur, ou se le procure, le marchand,* pour le vendre avec une plus-value ;

3º *Celle qui l'achète pour son usage, le consommateur,* c'est-à-dire qui en jouit réellement.

Il est de toute justice que ces trois catégories de personnes contribuent à la formation des ressources destinées à payer la retraite des vieux travailleurs et chacune en proportion des avantages qu'elle retire de la production c'est-à-dire par le prélèvement d'un même pourcentage (2 0/0 par exemple) sur le salaire ou profit-salaire des travailleurs, sur les bénéfices des employeurs et sur les revenus de la richesse acquise [1].

Au point de vue des travailleurs tout particulièrement *il ne serait pas équitable que celui qui gagne un salaire moindre fût astreint à verser la même contribution que celui qui touche un salaire plus élevé pour qui la charge est moins lourde.*

La contribution proportionnelle au salaire, que nous avons adoptée, répond donc mieux à l'idée de justice que l'obligation de verser une somme fixe, la même pour tous, quelle que soit l'importance du gain de chacun.

Comme d'ailleurs, *il doit, de toute nécessité, y avoir corrélation entre les retenues subies par chacun et la retraite à laquelle ces retenues donnent droit,* de ce que nous venons de voir que les retenues doivent être proportionnelles aux salaires, il suit que la retraite qui en est la conséquence, ne peut être uniforme. Donc *la disposition que nous avons adoptée de calculer la retraite d'après l'accumulation des retenues subies,* outre qu'elle est conforme aux usages, est aussi celle qui se justifie le mieux en droit.

Marginalia :
- Base de la contribution.
- La contribution ouvrière proportionnée au salaire est plus juste qu'une contribution uniforme.
- Corrélation nécessaire entre la quotité des retenues subies et celle de la Retraite.
- Légitimité du mode adopté pour calculer la Retraite.

---

(1). Le salaire ou profit-salaire pour les travailleurs, les bénéfices pour les employeurs, les revenus pour la richesse acquise, représentant leurs facultés respectives d'acheter les produits du travail, sont des mesures fort précises de l'avantage que chacun en retire.

Nous les avons adoptées comme assiette de la contribution des travailleurs et de la richesse acquise ; mais, comme l'estimation des bénéfices des employeurs pouvait prêter à l'arbitraire et amener des complications, *nous avons cru bon de substituer à la contribution basée sur ces bénéfices le versement d'un égal pourcentage du montant des salaires payés.*

Aux avantages d'une application simple et déjà en usage dans les organisations existantes cette base de la contribution patronale joint le mérite d'être assez approximativement équitable, la quotité des salaires étant généralement corrélative à la prospérité industrielle. Elle est, en tout cas, *infiniment plus logique et plus juste que l'impôt de capitation proposé par les partisans de l'uniformité* qui établissent la contribution patronale d'après le nombre d'ouvriers employés sans acception d'âge, de sexe, ni de capacité, c'est-à-dire sans tenir compte de la valeur du travail, ce qui aurait pour effet de fort peu grever les industries riches et d'obérer outre mesure les industries pauvres.

Nous avons compris dans cette accumulation des retenues, la cotisation corrélative patronale qui, représentant le profit résultant du travail fourni par le salarié, doit, en bonne justice, être compté à celui qui l'a procuré comme s'il avait versé lui-même la contribution patronale.

Si, des considérations de justice, nous passons à celles d'utilité pratique, la supériorité de la proportionnalité sur l'uniformité devient encore plus palpable.

Pour rendre la retraite et partant les retenues subies uniformes pour tous, il faudrait fixer ces dernières à un taux tel qu'elles fussent supportables aux travailleurs les plus mal payés et les plus chargés de famille, c'est-à-dire tellement bas que cette importante source de recette s'en trouverait, sinon complètement tarie, du moins considérablement diminuée sans profit aucun pour les travailleurs les plus mal partagés dont les charges ne seraient aucunement allégées, et au détriment de ceux plus aisés qui eussent certainement préféré payer le même pourcentage de salaire que les premiers et avoir une retraite en proportion.

Cet inconvénient ne se produirait pas seulement sur l'élément de recette provenant de la contribution des travailleurs, il existerait aussi sur la contribution patronale

En effet, ce sont généralement les exploitations les moins fructueuses qui emploient le personnel le moins rémunéré (femmes ou enfants) et qui, par conséquent, sont le moins susceptibles de supporter une contribution élevée. Si celle qu'elles auront à subir en vue de la retraite était comptée par tête d'ouvrier et si cet impôt de capitation était uniforme, il s'en suivrait que, pour ne pas écraser les industries pauvres, on ne pourrait demander aux industries prospères que la capitation tolérable aux premières, d'où nouvelle cause de réduction sensible dans les recettes.

Des observations qui précèdent, se dégage donc cette conclusion que *l'uniformité dans les cotisations, conséquence obligée de l'uniformité dans les retraites, ne pourrait pratiquement mener qu'au nivellement par en bas, c'est-à-dire à la constitution pour tous les travailleurs, de la plus infime des retraites.*

Que veut-on qu'un si maigre secours ait d'attrayant pour tous les travailleurs qui vivent dans un milieu où la vie est chère.

Ils considéreraient, avec raison, comme dérisoire la promesse d'une retraite qui ne correspondrait pas à leurs besoins.

Combien la situation deviendra différente avec la méthode que nous préconisons.

La cotisation exigée de chacun étant proportionnelle à ses facultés et représentant pour tous le même pourcentage de salaire ou profit-salaire produira le maximum de recettes sans imposer à personne une charge excessive; celui qui aura le moins versé ne touchera pas une retraite inférieure à ce qu'aurait produit le système de l'uniformité et celui qui aura subi des retenues plus fortes aura une retraite plus en rapport avec les besoins que lui crée le milieu où il vit; car on sait aujourd'hui que la fameuse *loi d'airain* a pour effet de proportionner les salaires au coût de la vie dans chaque région.

Donc *en même temps qu'elle est plus équitable, la proportionnalité de la retraite à l'accumulation des retenues subies est l'organisation la plus conforme à la diversité des besoins.*

Sans doute on objectera, — et que n'objecte-t-on pas quand on veut trouver, de parti pris, des difficultés —, que le salaire ou profit-salaire est, trop souvent, peu en rapport avec l'effort dépensé et les services rendus et que les injustices sociales qui existent dans la rémunération du travail ne seraient pas corrigées par notre organisation de la retraite pour la vieillesse.

Nous en convenons très volontiers ; mais il ne faut pas demander à une institution particulière d'être une panacée universelle et d'atteindre la perfection, même en dehors de l'objet auquel elle se rapporte.

Certes, après comme avant l'organisation de la retraite bien des abus et des défectuosités sociales persisteront qu'il faudra continuer à combattre pour les faire disparaître.

La retraite que nous proposons aura déjà le mérite, — et c'en est un plus sérieux qu'on ne pense —, non seulement de ne pas les aggraver, mais encore de permettre que dans l'ordre d'idées auquel elle s'applique, se répercutent, au fur et à mesure, les progrès qui seront réalisés ultérieurement dans la rémunération du travail qui, à l'heure actuelle, est sans doute une mesure imparfaite, mais la moins défectueuse qu'on connaisse jusqu'ici des services rendus.

Un avantage fort appréciable encore de notre méthode d'organisation, c'est que, par le fait du progrès continu et extrêmement rapide de la richesse publique, il y aura un accroissement normal et progressif des retraites, sans augmentation de frais pour la population.

En effet, l'on sait que, en moins d'un siècle, le revenu annuel du pays est passé de quatre à vingt-quatre milliards environ.

Il n'est pas douteux que, avec l'immense développement pris par les moyens de production, la progression sera aussi grande, sinon plus forte, dans l'avenir.

Si la retraite des vieux travailleurs absorbe 2 0/0 du revenu total de la France, soit actuellement 480 millions, quand ce revenu aura doublé, le prélèvement du même pourcentage produira 960 millions par an et, comme le nombre des vieillards sera resté sensiblement le même, chaque retraité d'alors recevra deux fois plus sans coûter davantage à ses contemporains.

En conséquence et par la force des choses, en appliquant la méthode proposée, les retraites iront continuellement en augmentant, tandis que si l'on voulait la faire dépendre de la capitalisation de l'épargne à un taux de plus en plus bas, elles diminueraient sans cesse.

Un point important à examiner était celui des droits acquis. Pour améliorer le sort de ceux qui jusque-là n'avaient pas eu de retraite, il n'eût pas été juste de porter atteinte aux droits de ceux envers qui des engagements antérieurs avaient été pris.

Les tenir en dehors de l'organisation nouvelle eût présenté de graves inconvénients ; c'était d'une part ôter à l'institution nouvelle son caractère de généralité, rouvrir la porte aux inégalités, aux distinctions de catégories qu'elle tend à supprimer, placer dans une situation fausse et exposer à se trouver sans retraite aucune ceux qui, au cours de leur vie, se seraient trouvés placés tantôt sous un régime, tantôt sous un autre.

Nous avons coupé court à toutes ces difficultés en stipulant que la nouvelle organisation serait applicable à tous les travailleurs sans exception, que la retraite qu'elle créait ne se cumulerait pas avec celles servies, en vertu de leurs statuts propres, par les autres Caisses de retraites publiques ou privées, mais n'y porterait pas atteinte.

En sorte que ceux pour qui la nouvelle organisation sera avantageuse en profiteront et que ceux qui jouissaient avant d'une situation meilleure conserveront leurs droits acquis.

Aux versements obligatoires, condition indispensable du fonctionnement de la Caisse de retraite, nous avons crû devoir ajouter pour les intéressés, pour les patrons et généralement les tiers qui portent intérêt aux travailleurs, la faculté d'ajouter des versements volontaires qui grossiront d'autant d'une part les ressources, d'autre part les droits ultérieurs des travailleurs au profit desquels ils auront été faits.

Il nous a semblé bon d'encourager ainsi les habitudes de prévoyance chez ceux qui vivent de leur travail et la bienveillance à leur égard chez ceux qui les occupent ou s'intéressent à leur sort, mais cette disposition ne fait pas forcément partie intégrante du projet et pourrait être supprimée si l'on craignait des abus.

**Limitation
des versements
sur une
seule tête.**

Selon nous, il suffit pour les éviter de stipuler que l'ensemble des versements effectués personnellement ou par des tiers au profit d'un même individu ne pourrait jamais excéder 20,000 francs.

**Répartition.
Part faite
à l'Assistance.**

La méthode adoptée repose sur la répartition annuelle de l'intégralité des recettes, sauf un prélèvement de 5 0/0 pour la constitution d'une réserve, entre tous les ayants droit au prorata du montant de chaque livret individuel; il nous a paru toutefois que l'attribution des dites recettes aux titulaires de livrets ne devait être faite que jusqu'à concurrence de la pension à laquelle leur donnerait droit l'accumulation des versements faits par ou pour eux et des intérêts composés calculés au taux de 4 1/2 0/0 que l'Etat accorde aux Sociétés de Secours mutuels.

L'excédent, s'il y en a, devra être réparti entre les départements, proportionnellement à leur population, pour être distribué en secours aux vieillards nécessiteux et grossir au besoin les retraites jugées insuffisantes.

**Dispositions
transitoires.**

Outre qu'elle fait la part de l'Assistance, dans l'organisation projetée, cette disposition simplifie beaucoup les mesures transitoires nécessaires pour donner à la loi un effet immédiat.

Il en résultera que les recettes des premières années ne se trouveront que partiellement absorbées par le service des pensions aux titulaires des livrets qui accéderont successivement à la retraite et que l'excédent disponible permettra d'allouer des secours aux vieillards ayant plus de 60 ans accomplis au moment de sa promulgation.

Quant aux travailleurs ayant, à cette époque, un âge intermédiaire entre 20 et 60 ans, l'article 17 les place sur le pied d'égalité avec ceux pour qui la loi aura un plein effet. Il les oblige seulement à rembourser, sur leur pension, au fur et à mesure qu'ils la toucheront, les annuités de versements qu'ils n'ont pu effectuer en temps; mais, comme de juste, il ne leur tient pas compte des intérêts sur ces versements différés, puisqu'il n'y a pas eu privation de jouissance des sommes versées.

Mais, dira-t-on, si les contributions des travailleurs que, en raison de leur peu de ressources, il est difficile d'atteindre, n'étaient pas exactement payées, quelle serait la sanction ?

La réponse est aisée :

En chargeant les patrons d'en effectuer la retenue et en les rendant responsables des versements à faire, nous avons paré, dans la généralité des cas, à cette difficulté ; mais, à supposer que des travailleurs isolés arrivent à se dérober, en partie, à leur obligation, la conséquence pour eux serait que, dans la vieillesse, leur retraite s'en trouverait diminuée d'autant, puisque chacun ne touchera dans ses vieux jours qu'en proportion des versements effectués.

Ces versements étant plus profitables qu'onéreux, l'intérêt bien entendu, sera de chercher à les accroître et non à s'y soustraire.

Pour ceux qui méconnaîtraient cet intérêt, et qui seraient inexacts à remplir l'obligation qui leur incombe, la diminution de retraite qui en résultera sera une conséquence fort juste et beaucoup moins rigoureuse que la mesure draconienne de la suppression complète à laquelle ont recours les partisans de l'uniformité en cas de non paiement des cotisations sans excuse valable. [1]

Il ne suffit pas d'indiquer comment on conçoit l'organisation d'une Caisse générale de retraite pour la vieillesse, il importe de montrer quels en seraient, pour les travailleurs, les résultats effectifs.

Ils sont faciles à évaluer. En se reportant au tableau de la population ci-joint, on voit qu'il y a 11,970,726 travailleurs participants, âgés de 20 à 60 ans, qui contribueront à alimenter la Caisse, contre 2,825,000 vieillards âgés de plus de 60 ans, ayant droit à la retraite.

Si donc, les ressources se bornaient aux contributions des participants et aux contributions patronales, ensemble

____

[1] Voir projet Escuyer.

4 0/0 des salaires et profits-salaires, la retraite serait pour chacun de $\frac{4}{100} < \frac{11.970.726}{2.825.000}$ soit environ 17 0/0 de son propre gain.

Mais à cela viennent s'ajouter les produits de l'impôt de 2 0/0, sur le revenu de la richesse acquise qui représente plus du tiers du revenu total de la France et de l'impôt de 1 pour mille sur les capitaux improductifs, qui porteraient vraisemblablement la retraite à environ 25 0/0, soit au quart du gain de chacun si n'intervenait pas la cause de plus-value résultant de l'accroissement de la richesse publique, dont nous avons parlé plus haut ; avec cette plus-value on peut espérer voir la retraite approcher du tiers du gain moyen individuel.

Nous avons dit les principaux motifs qui ont inspiré le projet dont on va lire le dispositif.

Possibilité de modifications du projet. Nous tenons à faire observer, en finissant, qu'il n'est qu'un canevas susceptible de se prêter à toutes les modifications qui pourraient être jugées utiles, notamment dans la quotité de chacun des éléments qui le constituent, si l'on avait de bonnes raisons à donner pour diminuer ou augmenter tel ou tel.

C'est ainsi que si, pour rendre la mise en train plus facile, on croyait nécessaire de ne demander à chacun, par exemple que 1 0/0 au lieu de 2 0/0, cela n'empêcherait aucunement l'institution de fonctionner ; mais elle produirait simplement des retraites plus faibles.

Nous ajouterons que, si la discussion établissait que notre projet comportât des modifications plus profondes ou qu'un procédé meilleur, conforme aux principes de justice et susceptible de résultats pratiques, pût y être avantageusement substitué, loin de le regretter par amour-propre d'auteur, nous serions des premiers à y applaudir et à en préconiser l'adoption de préférence au nôtre.

H. GAVELLE.

PROJET DE LOI

SUR L'ORGANISATION AU PROFIT DE TOUS LES TRAVAILLEURS

D'UNE

Caisse Générale de Retraites pour la Vieillesse

TITRE PREMIER

ARTICLE PREMIER. — Il est créé, au profit de tous les travailleurs français des deux sexes, sans exception, ouvriers, employés ou commis, patrons et domestiques appartenant aux professions industrielles, agricoles, commerciales et libérales ou aux fonctions publiques, en un mot au profit de tous ceux qui tirent une rémunération quelconque de leur travail personnel, une Caisse de Retraite qui prendra le nom de **Caisse Générale des Retraites pour la Vieillesse des anciens travailleurs.**

ART. 2. — Cette caisse commencera à fonctionner à dater du 1er janvier qui suivra la promulgation de la présente loi.

Elle sera annexée à la Caisse Nationale des Retraites pour la Vieillesse créée par la loi du 18 juin 1850 et réorganisée par la loi du 20 juillet 1886.

Elle fonctionnera, comme cette dernière, sous la garantie de l'État, et dans les mêmes conditions de contrôle.

Elle aura néanmoins une existence propre et une comptabilité absolument distincte.

ART. 3. — Comme la Caisse Nationale des Retraites pour la Vieillesse précitée, la *Caisse Nationale des Retraites pour la Vieillesse des anciens travailleurs* est gérée par l'Administration de la Caisse des Dépôts et Consignations qui pourvoit aux frais de gestion.

Art. 4. — La Caisse Générale des Retraites pour la Vieillesse des anciens travailleurs a pour objet de servir des pensions viagères aux anciens travailleurs âgés de 60 ans accomplis ou plus, pensions reversibles, jusqu'à concurrence de moitié, sur la tête de leur veuve.

Cette Caisse fonctionne dans les conditions ci-après énoncées.

TITRE II

Des Recettes

Art. 5. — La Caisse Générale des Retraites pour la Vieillesse des anciens travailleurs est alimentée :

1° Par les versements des participants (art. 7 et 10) ;

2° Par les contributions des patrons ou employeurs (art. 8) ;

3° Par les subventions de l'État ci-après spécifiées (art. 9 et 11) ;

4° Par des dons et legs (art. 10) ;

5° Par les revenus des capitaux dont elle disposé et du fonds de réserve dont il sera ci-après parlé (art. 11 et 15).

Art. 6. — A dater du 1er Janvier qui suivra la promulgation de la présente loi, les recettes de la Caisse générale des Retraites pour la vieillesse des anciens travailleurs s'effectueront conformément aux dispositions des articles 7, 8, 10 et 11 ci-après.

Art. 7. — Tout travailleur ayant plus de 20 ans et moins de 60 ans accomplis, participera à l'alimentation de la Caisse par un prélèvement obligatoire de deux pour cent (2 0/0) sur le montant de son salaire ou profit-salaire, dont le versement sera fait chaque mois, par lui-même s'il travaille à son compte, par son patron, qui en opérera la retenue sur chaque paie, si le participant travaille pour le compte d'autrui.

Art. 8. — Tout patron ou employeur contribuera à l'alimentation de la même Caisse par un versement égal à celui effectué pour le compte des personnes qu'il occupe ou rémunère.

Il sera civilement responsable de la régularité de ces deux versements.

Les patrons qui ont déjà constitué des Caisses de retraite ou en constitueront dans l'avenir pourvoiront aux obligations résultant de la présente loi par un prélèvement fait, jusqu'à concurrence de moitié au plus, sur les retenues subies par le personnel en vue de la retraite particulière organisée à son profit, et, pour le surplus, sur les sacrifices qu'eux mêmes se sont imposés dans ce but.

Art. 9. — Les Sociétés civiles et commerciales, les administrations diverses, les communes, les départements et l'Etat, chacun en ce qui le concerne, sont assimilés au patron pour les obligations à remplir à raison du personnel qu'ils occupent ou rémunèrent.

Art. 10 (1). — Aux versements obligatoires, prévus par les articles 7 et 8, pourront s'ajouter :

1° Des versements facultatifs faits par le travailleur lui-même afin d'accroître son droit à la retraite.

2° Des versements facultatifs faits par le patron ou une tierce personne au profit soit d'un travailleur déterminé, soit d'une collectivité de travailleurs.

L'ensemble des versements facultatifs, faits au profit d'une même personne, ne pourra excéder 20,000 francs.

Art. 11. — Aux recettes précédentes de la Caisse générale des retraites pour la vieillesse des anciens travailleurs s'ajoutent encore :

1° Le versement que lui fait annuellement l'Etat des produits d'un impôt de deux pour cent sur les revenus de tous les capitaux productifs (terres, maisons, valeurs, etc.), autres que les bénéfices industriels, agricoles et commerciaux, et

---

(1) Au cas où cet article ne serait pas admis, il devrait être remplacé par le suivant :

Tout travailleur à son compte pourra suppléer au défaut de contribution patronale à son profit par un second versement de 2 0/0 de son profit-salaire. Ce second versement sera facultatif.

d'un impôt de un pour mille sur les capitaux improductifs (parcs, châteaux, galeries de tableaux, etc.)

2° Les intérêts des capitaux dont la caisse dispose et notamment les intérêts du **Fonds de Réserve** prévu par l'article 15 ci-après.

TITRE III

Droits à la Retraite. — Livrets individuels

ART. 12 — Les versements effectués en conformité des articles 7, 8 et 10 sont enregistrés au fur et à mesure sur un **Grand livre** tenu par la Caisse des Dépôts et Consignations et sur le **Livret individuel** remis à chaque intéressé, le tout dans les formes pratiquées par la Caisse Nationale des retraites pour les versements volontaires de ses déposants.

ART. 13. — Le compte de chaque titulaire de livret est arrêté lorsqu'il a accompli sa soixantième année.

Le montant de la rente viagère, à laquelle lui donnent droit les versements faits par lui ou à son profit, est calculé d'après les tables dressées par la Caisse Nationale des Retraites pour les versements à capital aliéné en tenant compte.

1° de l'intérêt composé des versements au taux de 4 1/2 % (1).

2° des chances de mortalité en raison de l'âge du titulaire au moment de chaque versement et de l'âge de 60 ans auquel commence la retraite.

Ce montant constitue le titre à la pension de retraite conformément aux dispositions de l'article 16 ci-après.

ART. 14. — **Droits acquis.** — Les pensions servies par la Caisse des Retraites pour la vieillesse des anciens travail-

---

(1). Le taux de 4 1/2 0/0 est celui que les lois des 20 mars 1852 et 21 mars 1898 (art. 21) attribuent aux versements faits pour la constitution des Retraites par les Sociétés de Secours Mutuels.

leurs ne se cumulent pas avec celles à servir en vertu de leurs statuts propres, par les autres caisses de retraites publiques ou privées, mais n'y portent pas atteinte.

Elles seront servies aux titulaires de ces dernières comme aux autres ayants-droit, mais déduction sera faite de leur montant sur le service des retraites particulières, en sorte qu'aucune modification ne soit apportée aux droits acquis indépendamment de la présente loi quand ils sont supérieurs aux droits qu'elle confère.

TITRE IV

Dépenses

Art. 15. — **Fonds de Réserve.** Sur le montant des recettes de l'année, il est prelevé cinq pour cent (5 0/0) pour constituer un **Fonds de Réserve** destiné à parer aux périodes de crise où la totalité des recettes serait inférieure à la moyenne des dix années précédentes.

Le Fonds de réserve est en outre accru des dons et legs que la Caisse générale des Retraites pour la Vieillesse des anciens Travailleurs peut recevoir.

Art. 16. — Le surplus des recettes annuelles (augmenté, s'il y a lieu, d'un prélèvement sur le Fonds de réserve, au cas où leur montant serait inférieur à la moyenne des dix années précédentes) est réparti, l'année suivante, entre les titulaires survivants des livrets liquidés et les veuves de ceux décédés, considérées comme titulaires de la moitié du livret de leur mari, au prorata du montant de chaque livret et jusqu'à concurrence de la pension à laquelle il donne droit.

L'excédent de recettes, s'il y en a, est réparti entre les départements, proportionnellement à leur population, pour être distribué en secours aux vieillards nécessiteux.

TITRE V

Dispositions transitoires

Art. 17. — Au montant de chaque livret dont le titulaire se trouvera, à la date de la promulgation de la présente loi, avoir un âge intermédiaire entre 20 et 60 ans accomplis. et sera, par conséquent, empêché par son âge d'effectuer un certain nombre des versements obligatoires prévus à l'article 7, il sera ajouté d'office, au moment de la liquidation, pour suppléer aux versements qui n'ont pu avoir lieu, la moyenne des versements annuels effectués par le titulaire ou à son profit, en conformité des articles 7 et 8, depuis la mise en vigueur de la loi, moyenne autant de fois répétée que le titulaire du livret aura d'années accomplies en sus de vingt à l'époque de la dite mise en vigueur.

Toutefois, les additions ainsi faites d'office ne pourront excéder la moyenne générale de tous les versements obligatoires effectués pendant la même période. Ces additions ne produiront pas intérêt.

Les inscriptions d'office, au livret de tout ayant-droit, seront récupérées sur ses annuités de pension, à raison de une par année, au moyen d'une retenue égale à l'inscription d'office annuelle et jusqu'à ce que les quarante versements obligatoires aient été parfaits.

Paris. — Imprimerie R. Montier, 39-41, Rue de Bretagne,

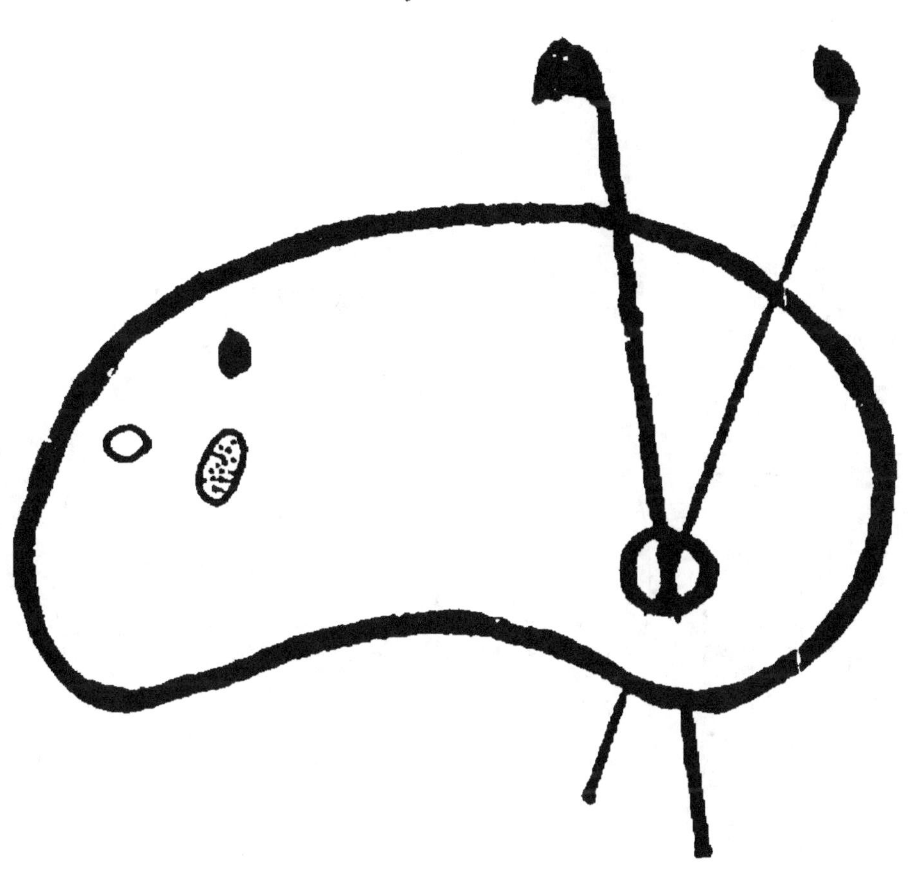

ORIGINAL EN COULEUR

NF Z 43-120-8

Population de la France

par âges et conditions

Dénombrement de 1891

Un centimètre carré par 100.000 habitants

Conditions / Âges	0 à 20 ans	20 à 60 ans	60 ans et plus	Totaux par conditions
Patrons	169648	5.747218	1.754532	7.671308
Employés	180624	662641	55834	899099
Ouvriers	1.691948	4.641114	771887	7.104949
Domestiques	546355	919753	143324	1.609432
Familles	10.099.995	7.569596	1.882636	19.544257
Totaux par âges	12.688600	19.540327	4.608213	36.829135

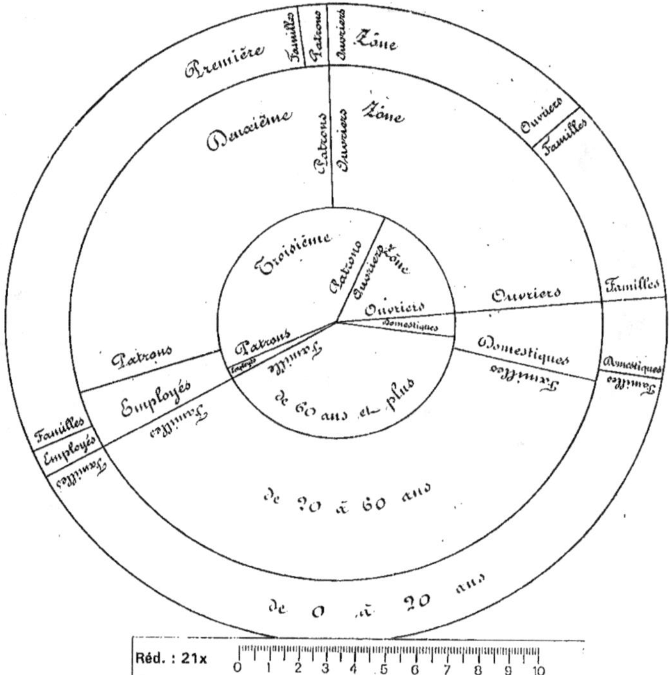

9 782013 555043